亚太地区发展与合作

中外联合研究报告（No.4）

Development and Cooperation
in the Asia-Pacific Region

中国社会科学院国家全球战略智库
王灵桂　赵江林／主编

社会科学文献出版社
SOCIAL SCIENCES ACADEMIC PRESS (CHINA)

前　言

由中国社科院国家全球战略智库与澳大利亚格里菲斯亚洲研究所、福州大学联合举办的"中澳合作论坛：亚洲—太平洋地区发展与合作国际研讨会"邀请了来自新西兰、澳大利亚、斐济、瓦努阿图、新加坡、菲律宾、越南、柬埔寨、印度尼西亚等国家的学者、官员和工商界人士，就中澳合作事宜展开研讨。

2018年下半年，APEC第二十六次领导人非正式会议将在巴布亚新几内亚举行。我们召开的这次国际研讨会，主要目的就是通过学术界的深入交流，探讨如何更好推进亚太地区的发展与合作。从这个意义上讲，这个会议很重要，时机选择得也很好。

当前，亚太地区形势稳定，和平发展合作是地区主流；大国互动频繁，博弈激烈，但合作大于竞争，共同利益在增加，共识在扩大，总体关系趋稳趋好；朝核等热点问题趋缓，冲突风险可控；区域合作势头虽然放缓，但在摸索中前进，为新突破蓄积新能量的态势明显；许多地区国家进入了政治社会转型的时期，如何消除对立、解决社会分裂等重大国内课题的任务在增多。这些问题既是挑战，更是机遇，地区国家只有把握主流、瞄准大势，通过合作共商解决问题，才能使亚太地区不断迈向新的繁荣。

2017年10月，中国共产党第十九次全国代表大会对包括亚太政策在内的中国外交政策进行了系统总结，重申了中国坚持和平发展，坚持改革开放，构建相互尊重、公平正义、合作共赢的新型国际关系，构建人类命运共同体。中国将坚持共商共建共享的理念，致力于打造开放包容、合作共赢的亚太新秩序，主动提供公共产品，积极促进"一带一路"倡议与各国发展战略对接、落地开花。中国将坚持以邻为伴、与邻为善原则，践行亲诚惠容理念，并会继续成为亚太经济增长之源和稳定之锚。中国国家主席习近平说，"世界好，中国才能好；中国好，世界才更好"，讲的就是这个道理。

也正是在这个大背景下，许多看似难以解决的问题和风险，或得到了解决，或得到了控制，亚太地区进入了难得的良性发展轨道。随着朝鲜半岛问题的进一步降温，全世界松了一口气，习近平主席和莫迪总理的武汉非正式会晤，让世界对中印两个最大发展中国家的合作前景充满期待；中国总理李克强访问日本前夕，安倍晋三首相在接受采访时表示，他期待随后的对华访问，并期盼习近平主席正式访问日本；法国总统马克龙访问澳大利亚时，与特恩布尔总理一致认为，"中国正在以前所未有的规模和步伐发展"，法国和澳大利亚"支持亚太地区的自由流动"，"欢迎中国的经济崛起。中国崛起对所有人都是非常好的事情"，特恩布尔总理还专门表示欢迎中国在地区内进一步加大投资力度。

中国政府历来高度重视通过智库开展和加强民心相通工作。2015年1月20日，中共中央办公厅、国务院办公厅印发了《关于加强中国特色新型智库建设的意见》。2015年11月9日，习近平总书记主持中央全面深化改革领导小组第十八次会议，批准成立25家国家级高端智库试点单位。中国社科院国家全球战略智库就是25家高端智库中，专门从事国际政治问题研究的专业性智库之一。自成立以来，国家全球战略智库不辱使命，紧扣"一带一路"、全球战略和周边安全等重点研究领域，努力探索中国特色新型智库建设之路，形成了较好的发展势头，较好地体现出了智库的特色和特长，成为25家国家级高端智库中的"优秀生"。

国家全球战略智库成立以来形成的经验之一，就是采取"请进来"、"走出去"的办法"开门办智库"，广泛地同国内外同行开展密集的交流和沟通。在此，我向国内外同行与朋友表示衷心的感谢，希望大家一如既往地继续支持、关心国家全球战略智库的工作。同时，为更好促进智库之间的交往与合作，更好推动民心相通工作，以促进亚太地区国家关系的深入发展，也为了不断提升国家全球战略智库的国际影响力和知名度，我借此机会提出六点倡议：

第一，共同策划选题并开展联合研究工作。通过联合研究，找到共同的利益关切点，有助于亚太地区合作和"一带一路"倡议的实施贴近现实、贴近民众。**第二，建立学术成果信息共享机制。**定期或不定期加强学术交流是保持智库之间互动的最佳渠道之一，有助于加深了解，助推思想上的互联互通。**第三，共同培养人才。**我们鼓励智库之间加强科研人员互访、培养博士后，互访交流可以是短期的，也可以是长期的，目的是培养对亚太地区和"一带一路"研究感兴趣并有所作为的专门人才。**第四，共同发布有影响力的阶段性或者专题性的联合研究报告。**通过发布联合研究报告的形式，对彼此重大的关切发出呼吁，有助于产生广泛的社会影响力，更有利于助推政府决策。**第五，定期、不定期举办会议。**会议是加强思想沟通的最直接方式，有助于产生新的想法和建议。**第六，建立日常联络机制，加强日常联络。**

2018年11月，亚太经合组织峰会即将在巴布亚新几内亚首都举办。我希望这个论坛能够为峰会的召开贡献应有的智力支持，并以此为契机，让这个论坛成为提升亚太地区智库思想交流水平的载体和平台，努力在探寻亚太地区发展新路径方面集思广益、有所突破、有所贡献。

中国社会科学院副院长

李培林

2018年5月3日

目　　录
CONTENTS

主题报告

亚太地区面临的十大赤字与我们的思考……………………王灵桂 / 3

专题报告一：亚太地区合作的动力与前景

"一带一路"倡议对区域合作与全球发展的重要意义

………………………彼得·古德费洛（Peter Goodfellow）/ 19

走向亚太共同体：任重道远………………金平（Kin Phea）/ 23

亚太发展中的新动态：经济竞争、中等国家政治活动和峰会外交

……………………………………………………………黄小明 / 29

亚太互联互通和包容性发展所面临的挑战

………………阿米坦都·帕里特（Amitendu Palit）/ 36

南太平洋地区参与"后茂物"时代APEC引领的

亚太区域经济合作的机遇…………………………刘晨阳 / 47

印太亚洲发展中的战略互信：机遇与挑战

………………………………范杜西（Pham Duy Thuc）/ 54

中美亚太安全合作中的"第三方因素"分析
　　——基于日本亚太安全事务的参与 ………………… 李永强 / 62

专题报告二：中国与大洋洲关系面临的新挑战与新机遇

从联合国投票看太平洋岛国的外交政策偏向 ………… 梁甲瑞 / 71
太平洋岛国参与全球气候治理：现状、主张及成效
　　…………………………………………… 宋秀琚　余　姣 / 81
价值因素与澳大利亚对华政策的选择 ………………… 崔　越 / 90
新时代的中国与太平洋岛国关系 ……………………… 徐秀军 / 98
南太平洋地区的地缘战略价值与中国的南太地缘战略 … 林利民 / 108

专题报告三：亚太地区合作与"一带一路"建设

西方国家对中国的看法，特别是对"一带一路"倡议的看法
　　………………………… 柯林·麦克拉斯（Colin Mackerras）/ 117
促进"一带一路"沿线国家间接征收条款的现代化
　　——澳大利亚的外国投资协定作为投资安全典范的适用性
　　………………………… 沃里克·古莱特（Warwick Gullett）
　　　　　　　　　　　　　　　王玉琮（Yucong Wang）/ 127
"一带一路"倡议和人民币国际化：是福星高照吗？
　　……………………………………… 冯　辉（Feng Hui）/ 140
亚太合作、"一带一路"倡议和太平洋岛国
　　………………… 尼勒斯·高德（Neelesh Gounder）/ 148
"21世纪海上丝绸之路"建设与太平洋岛国经济发展的新思考：
　　超越"竞争性援助" ……………………………… 秦　升 / 155
福建与大洋洲经贸合作：现状与发展前景 ……… 全　毅　郑美青 / 165

主题报告

亚太地区面临的十大赤字与我们的思考

王灵桂

中国社会科学院国家全球战略智库常务副理事长兼秘书长

亚太地区是当今世界发展的火车头，是最具增长活力的地区之一，同时也是不断创造合作奇迹的地区之一。2018年11月一年一度的APEC领导人非正式会议将在巴布亚新几内亚召开，本次会议将以"把握包容性机遇，拥抱数字化未来"为主题，以"提升互联互通水平、深化区域经济一体化，促进包容性和可持续增长，通过结构性改革增强包容性增长，增加人与人之间互联互通、加快人力资本发展"为四个议题，继续探讨亚太地区的未来合作与发展问题。

一 当今亚太地区面临的十大赤字

（一）和平赤字

2017年5月，习近平主席出席"一带一路"国际合作高峰论坛，并在开幕式上发表主旨演讲，指出"和平赤字、发展赤字、治理赤字，是摆在全人类面前的严峻挑战"。将和平赤字列为人类当今面临的第一大严峻挑战。

所谓"和平赤字"，指我们面临现实的安全环境和理想中的安全环境仍然存在很大差距，并且我们正在为这种差距付出新的代价。今天亚太地区所面临的安全环境仍存在较大的不确定性，不仅面临来自传统安全领域的威胁，也面临来自非传统安全领域的威胁。与世界其他地区一样,亚太地区面临的宗教极端主义、恐怖主义和分裂主义这些非传统问题正在侵蚀亚太地区的整体安全环境,同时领土争端、核武器威胁等传统安全问题同样困扰亚太地区,加剧了地缘政治危机。近年来,亚太地区军演次数、规模呈上升趋势。据世界武器贸易分析中心统计,2005~2014年,亚太地区是全球十大地区中武器进口贸易最大的地区,总进口量占全球武器进口总额的30%。[1] 地缘冲突,如南海争端均发生在亚太地区之内。在非传统安全领域,重大自然灾害等在不断侵吞亚太地区发展的果实。

(二) 生存赤字

二百多年的工业化进程在带给我们富裕生活的同时,也让我们面临巨大的生存危机。气候变迁、环境污染等威胁人类整体发展和个体安全的隐性问题日益突出。海平面上升正在导致太平洋岛国面临消失的威胁。诸如水污染、天灾频发等问题使亚太地区部分民众处在不发展或发展缓慢的状态,难以走出贫困陷阱。联合国环境规划署在2016年的一份环境报告里指出,亚太地区的生存环境正面临巨大问题,城市化进程、农业发展导致的自然资源被侵蚀、土地荒漠化程度令人担忧,平均每年荒漠化土地面积超过100万公顷。生活和工业排污是亚太地区主要的水污染源,亚太地区有30%人口的饮用水源被污染,水生疾病每年造成180万人死亡。[2]

(三) 发展赤字

所谓发展赤字指全球因发展获得现实利益小于预期利益。这在走向共同繁荣的今天,依然是我们面临的核心问题。根据联合国亚太经社委员会的统计,[3] 当前亚太地区仍然有36个不发达国家,它们或是内陆国

---

[1] 方明:《全球军费进入新一轮上涨期》,《人民日报》2017年4月12日,http://www.xinhuanet.com/mil/2017-04/12/c_129529945.htm。
[2] 联合国环境规划署:《全球环境展望亚太区域评估》,联合国,2016年。
[3] Asia-Pacific Countries With Special Needs Development Report 2017: Investing in Infrastructure for an Inclusive and Sustainable Future, UN 2017.

家或是岛屿国家，与世界市场与亚太地区其他国家联系比较松散，甚至有些没有关联，也因此，它们被称为有特殊需要发展的国家。①

（四）基础设施建设赤字

基础设施是经济增长的前提和保障。"要想富先修路。"硬件设施赤字同样在阻碍亚太地区未来共同发展。这里的赤字主要是指基础设施的投入远远满足不了亚太地区经济增长的需要。一国经济增长首先需要充足的基础设施供应，而地区经济增长更需要加强国与国之间的设施联通。当前，设施联通因资金不足正在成为影响亚太地区经济增长的显性因素。根据亚洲开发银行（ADB）估计，在2016年至2030年，亚洲地区就需要26万亿美元的基础设施投资。这意味着平均每年需要1.7万亿美元的基础设施建设投资。② 据中国国务院发展研究中心估算，2016～2020年，"一带一路"沿线国家基础设施合意投资需求至少10.6万亿美元。③

（五）开放赤字

所谓开放赤字，是指开放程度与经济发展进程不同步，或落后于经济发展进程，导致开放对经济发展所起到的作用不是推动或促进作用，而是延缓或阻碍经济发展进程。在逆全球化的背景下，这个问题正在成为亚太地区面临的新问题。长期以来，亚太地区各国一直奉行自由贸易大旗，在过去近30年里，亚太地区贸易投资自由化、便利化取得了长足的进展，也因此在国际上被称为"亚太模式"或"亚太方式"。然而

---

① 按照ESCAP定义，有特殊需要的国家主要是指最不发达国家、陆锁国和发展中岛国。
② Asian Development Bank （2017），*Meeting Asia's Infrastructure Needs*，Mandaluyong City，Philippines：Asian Development Bank，https：//www.adb.org/sites/default/files/publication/227496/special-report-infrastructure.pdf.
③ 国务院发展研究中心"'一带一路'设施联通研究"课题组：张丽平执笔，《"一带一路"基础设施投融资需求及中国角色》，《调查研究报告》[2017年第17号（总5092号）]，http：//www.drc.gov.cn/n/20170215/1-224-2892687.htm。

今天，亚太地区自由化进程却遭遇逆全球化浪潮侵蚀，正在逐渐从贸易投资自由化的世界前沿阵地退缩。美国，过去作为亚太地区自由贸易的倡导者，现在却在成为贸易保护主义的急先锋。特朗普上台后，首先退出"跨太平洋伙伴关系协定"（TPP），其次，以"美国优先""美国第一"为由头，大肆采取贸易保护主义做法，甚至不惜打"贸易战"，直接拉退亚太地区贸易投资自由化进程，也为未来世界发展增加了不确定性。

（六）公平赤字

所谓的公平赤字，是指在经济发展的同时，社会公正并没有得到相应的实现。最主要的表现是收入分配差距越来越大。不公平、不正义的国际经济规则，正在使我们的发展黯然失色，资本的无节制扩张导致需求差距拉大、发展差距拉大。根据亚洲开发银行统计，目前亚太地区仍有3.3亿人口属于极贫人口，这些人生活在每天不足1.9美元的贫困线之下[①]。而基尼系数的全球性升高进一步佐证上述差距的存在。一边积累财富，一边积累贫穷。如何减少或者消除发展机会上的不公平，实现包容性增长是亚太地区面临的共同问题。自亚洲开发银行首次于2007年提出包容性增长概念以来，如何实现包容性增长也成为中国政府关注的重要问题，也是"一带一路"倡议提出的主要背景。

（七）创新应用赤字

经济增长的实质是来自人对经济的贡献越来越大，即附加价值增加，创新可以更大程度体现人在经济增长中的作用，使经济增长有着无限的增长源泉，因为人类的头脑是取之不尽、用之不竭的创新载体。创新的价值在于实现地区可持续包容性发展。但是创新一直面临两难境地，一方面如何保护创新的积极性，这要求我们给予创新者正向的回报；另一方面，如何尽快将创新成果应用于实际。今天看到的却是创新

---

① The Key Indicators for Asia and the Pacific 2017 (Key Indicators 2017), ADB2017.

应用不足，这使全球经济增长难以直线前行，共享人类知识成果仍是遥不可及的梦想。例如，GDP关于生物制药专利权的保护期，美国人提出长达10~15年。部分创新国家正在利用自身的某些技术优势、资本优势、政治优势将创新的利益归于自身，而不是福及四方。

（八）治理赤字

所谓"治理赤字"是指目前的全球治理远不能满足现实的需求。公平正义的全球治理是实现各国共同发展的必要条件。当前，我们不仅面对全球公域领域，如气候变化、环境问题、海洋问题等缺乏必要的治理，而且在传统的公共产品提供领域，我们同样面临主体缺失、责任缺失等问题。治理赤字正在冲击人类的共同发展。

（九）文明交流赤字

文明交流不足正在挑战人类相互认知的底线，亨廷顿的"文明冲突论"以各种各样形式出现，甚至转化为一些国家的政策。主要表现为一方文明对另一方文明形式不认同，甚至以武力解决文明冲突。这就需要我们以文明交流超越文明隔阂、文明互鉴超越文明冲突、文明共存超越文明优越，推动各国和各文明之间的理解、尊重和相互信任。

（十）共同体建设赤字

我们该如何迈向亚太命运共同体。亚太共同体概念早已有之，[1] 提出亚太命运共同体是中国国家主席习近平为亚太地区未来发展提出的解决方案之一。但是如何构建亚太地区的命运共同体，却不是一蹴而就或一朝一夕可以完成的。共同体建设既需要物质上的投入，如亚太互联互通规划的完成，还需要情感上的投入、资金上的投入，可能更多的还需要理解上的投入。亚太成员能够接受共同体理念，认同共同

---

[1] 美国在APEC第一次领导人非正式会议西雅图峰会上就提出建设共同体。当然这一共同体概念实质是要求亚太地区成员接受美国的价值理念，按照美国或西方模式实现发展，共享与美国一样的价值观，后来这一概念遭到APEC成员的不认同而不了了之。

体理念，并愿意为实现共同体理念做出自身的努力，而不是渐行渐远。这是我们的机会也可能是我们的挑战，但这个挑战一定会变成机会的。

二 我们的思考

习近平主席指出："我们生活的世界充满希望，也充满挑战。我们不能因现实复杂而放弃梦想，不能因理想遥远而放弃追求。没有哪个国家能够独自应对人类面临的各种挑战，也没有哪个国家能够退回到自我封闭的孤岛。"正视上述挑战和问题、解决上述挑战和问题将会为亚太地区未来发展增加确定性和可预期性、包容性，这将有利于亚太的伙伴关系建设，有助于共同推进亚太命运共同体的建设。为此，中国提出的解决赤字思路有：

第一，中国愿意同亚太地区各国共商和平赤字的解决。和平赤字来自双方对彼此理念的不认同，为此，习近平指出，"我们要共同建设互信、包容、合作、共赢的亚太伙伴关系。志同道合，是伙伴。求同存异，也是伙伴。朋友多了，路才好走。我们应该通过坦诚深入沟通，增信释疑；应该秉持和而不同理念，尊重彼此对发展道路的选择；应该坚持互利合作，充分发挥各自优势，促进共同发展；应该变赢者通吃为各方共赢，共同做大亚太发展的蛋糕，共同促进亚太大繁荣"。[①]

第二，中国愿意同亚太地区各国共商生存赤字的解决。解决生存赤字之路在新时代下要求不走传统的老路，为此，习近平指出，"我们要引导经济全球化朝着更加开放、包容、普惠、平衡、共赢的方向发展，造福不同国家、不同阶层、不同人群。"[②] "我们将加快生态文明体制改革，坚持走绿色、低碳、可持续发展之路，实行最严格的生态环境保护制度。到2035年，中国的生态环境将根本好转，美丽中国目标将基本实现。我们将积极应对气候变化，保护好人类赖以生存的共同

[①] 习近平：《谋求持久发展 共筑亚太梦想——在亚太经合组织工商领导人峰会上的主旨演讲》，新华社，2014年11月9日。

[②] 习近平：《抓住世界经济转型机遇 谋求亚太更大发展——在亚太经合组织工商领导人峰会上的主旨演讲》，新华社越南岘港，2017年11月10日。

家园。"①

第三，中国愿意同亚太地区各国共商发展赤字的解决。未来，中国将走新型发展道路，以助力亚太地区发展赤字的解决。习近平指出，"我们将贯彻新发展理念，坚持质量第一、效益优先，建设现代化经济体系。我们将以供给侧结构性改革为主线，推动经济发展质量变革、效率变革、动力变革，提高全要素生产率，着力加快建设实体经济、科技创新、现代金融、人力资源协同发展的产业体系，着力构建市场机制有效、微观主体有活力、宏观调控有度的经济体制，不断增强经济创新力和竞争力。我们将推动互联网、大数据、人工智能和实体经济深入融合，在数字经济、共享经济、清洁能源等领域培育新的增长动能"。②

第四，中国愿意同亚太地区各国共商基础设施建设赤字的解决。中国积极推进亚太地区互联互通建设，出资成立丝路基金和设立亚洲基础设施投资银行。习近平指出，"互联互通的根本目的，是使亚太经济血脉更加通畅，从而扩大经济社会发展潜力。……要通过互联互通对接各国发展战略和规划，找准优先领域和项目。要通过互联互通，实现各区域、各国生产要素互通有无、产业产能优势互补、发展经验互学互鉴。要优化亚太供应链、产业链、价值链，形成亚太规模经济效应和联动效应，实现亚太经济整体振兴"。③

第五，中国愿意同亚太地区各国共商开放赤字的解决。面对亚太地区部分成员对开放采取保守的做法，中国将积极推进亚太自贸区建设进程。习近平指出，"我们将实行高水平的贸易和投资自由化便利化政策，全面实行准入前国民待遇加负面清单管理制度，大幅度放宽市场准入，扩大服务业对外开放，保护外商投资合法权益。凡是在中国境内注册的企业，我们都会一视同仁、平等对待。我们将赋予自由贸易试验区更大

---

① 习近平：《抓住世界经济转型机遇　谋求亚太更大发展——在亚太经合组织工商领导人峰会上的主旨演讲》。
② 习近平：《抓住世界经济转型机遇　谋求亚太更大发展——在亚太经合组织工商领导人峰会上的主旨演讲》。
③ 习近平：《发挥亚太引领作用　应对世界经济挑战——在亚太经合组织工商领导人峰会上的主旨演讲》，新华社马尼拉，2015年11月18日。

改革自主权，探索建设自由贸易港。我们将加快同有关国家商签自由贸易协定和投资协定，推动建设亚太自由贸易区，推动区域全面经济伙伴关系协定谈判尽早结束，构建面向全球的自由贸易区网络"。①

第六，中国愿意同亚太地区各国共商公平赤字的解决。当前中国正在加大力度，全力解决贫困问题，将精准扶贫列为中国未来一定时期内三大攻坚战之一。习近平指出，"我们将从人民最关心最直接最现实的利益出发，着力构建公平公正、共建共享的发展新机制，让经济发展更具包容性。我们将着力解决难点问题，未来5年我们将使中国现行标准下7000多万农村贫困人口全部脱贫，贫困县全部脱帽。这也是中国落实2030年可持续发展议程的重要一步"。②

第七，中国愿意同亚太地区各国共商创新应用赤字的解决。习近平指出，"亚太在这方面要走在世界前面，努力创新发展理念、发展模式、发展路径。要加快产业升级换代，以科技创新带动产品、管理、商业模式创新，提高亚太经济体在全球供应链中的地位，共建共享协调、开放、包容的全球价值链。发达经济体要积极分享最佳实践，主动转让技术，发展中经济体要勇于探索、增加投入、迎头赶上。要发挥亚太经合组织的政策平台和孵化器功能，在互联网经济、蓝色经济、绿色经济、城镇化等领域加强合作，增强自主创新能力"。③

第八，中国愿意同亚太地区各国共商治理赤字的解决。习近平指出，"世界经济格局的演变对全球经济治理体系提出了更高要求。坚持多边主义，谋求共商共建共享，建立紧密伙伴关系，构建人类命运共同体，是新形势下全球经济治理的必然趋势"。④ "随着综合国力上升，中

---

① 习近平:《抓住世界经济转型机遇　谋求亚太更大发展——在亚太经合组织工商领导人峰会上的主旨演讲》。
② 习近平:《发挥亚太引领作用　应对世界经济挑战——在亚太经合组织工商领导人峰会上的主旨演讲》。
③ 习近平:《发挥亚太引领作用　应对世界经济挑战——在亚太经合组织工商领导人峰会上的主旨演讲》。
④ 习近平:《抓住世界经济转型机遇　谋求亚太更大发展——在亚太经合组织工商领导人峰会上的主旨演讲》。

国有能力、有意愿向亚太和全球提供更多公共产品,特别是为促进区域合作深入发展提出新倡议新设想。"①

第九,中国愿意同亚太地区各国共商文明交流赤字的解决。习近平指出,"文明因交流而多彩,文明因互鉴而丰富。文明交流互鉴,是推动人类文明进步和世界和平发展的重要动力。推动文明交流互鉴,需要秉持正确的态度和原则""对待不同文明,我们需要比天空更宽阔的胸怀。文明如水,润物无声。我们应该推动不同文明相互尊重、和谐共处,让文明交流互鉴成为增进各国人民友谊的桥梁、推动人类社会进步的动力、维护世界和平的纽带。我们应该从不同文明中寻求智慧、汲取营养,为人们提供精神支撑和心灵慰藉,携手解决人类共同面临的各种挑战。"②

第十,中国愿意同亚太地区各国共商共同体建设赤字的解决。习近平指出,"任何蓝图都不会自动变为现实,实现上述目标,需要亚太各成员携手并肩、共同努力。我们要加强政策对话和协调,以亚太经合组织为平台,着力形成合力。要坚持以发展为中心,全力营造有利于发展的和平环境,决不让任何事情干扰亚太发展进程。要坚持合作共赢理念和命运共同体意识,在竞争中合作,在合作中实现共同发展。要坚持多元发展,尊重彼此根据自身实际选择的发展道路,通过对话协商的方式解决分歧"。③

自亚太经合组织成立以来,其活动领域一直在扩大(表1),要解决的地区性问题也在日益增加。其中缘由在于,随着相互依赖的增加,亚太地区各成员面临的共性问题也在日益增加,原来一国问题正在日益上升为地区问题,特别是同一性质的国家问题往往更容易得到其他成员的认同,进而成为共同面临的难题,同时过去国与国之间不存在的问题也在出现并成为新的地区问题,这就需要我们转变思路,重新审视亚太地区解决问题的传统路径。

---

① 习近平:《谋求持久发展 共筑亚太梦想——在亚太经合组织工商领导人峰会上的主旨演讲》。
② 习近平:《在联合国教科文组织总部的演讲》,新华社巴黎,2014年3月27日。
③ 习近平:《发挥亚太引领作用 应对世界经济挑战——在亚太经合组织工商领导人峰会上的主旨演讲》。

表1 亚太经合组织议题领域（1993～2018年）

年份	常规议题								非常规议题					
	贸易投资自由化便利化、经济技术合作	多边贸易体制	地区一体化	反恐、人类安全	监管、反腐败	加强APEC	能源、气候变迁	金融	科技	人力资源开发	社会安全网络	社会责任	全球化	新经济	基础设施互联互通
1993															
1994	★	★													
1995	★	★													
1996	★														
1997	★														★
1998	★	★						★	★	★	★			★	★
1999	★	★		★	★								★		
2000	★	★		★		★							★	★	
2001	★	★		★	★									★	
2002	★	★		★	★									★	
2003	★	★		★	★								★		
2004	★	★		★		★									
2005	★	★									★				
2006	★	★		★											

· 12 ·

续表

年份	常规议题								非常规议题				
	贸易投资自由化便利化、经济技术合作	多边贸易体制	地区一体化	反恐、人类安全	监管、反腐败	加强APEC	能源、气候变迁	金融	科技	人力资源开发	社会安全网络	社会责任	全球化	新经济	基础设施互联互通
2007		★	★	★		★	★								
2008	★		★	★	★	★	★					★			
2009	★	★	★		★	★									
2010						★									
2011	★		★	★	★		★		★	★					
2012	★	★			★		★	★	★	★	★	★			
2013					★	★		★		★					★
2014	★	★	★				★		★	★					★
2015			★				★			★					★
2016			★				★		★	★					★
2017	★		★				★		★	★				★	★

资料来源：根据历次领导人非正式会议宣言内容整理。

今天,"一带一路"正在以一种新思路,为亚太地区发展提供新范式。"一带一路"以和平合作、开放包容、互学互鉴、互利共赢为核心,借助"五通"(政策沟通、设施联通、贸易畅通、资金融通、民心相通),努力成为和平之路、繁荣之路、开放之路、创新之路、文明之路,进而为消除亚太地区赤字问题提供主要路径,也为其他地区发展提供范本。

亚太经合组织已与"一带一路"结下深厚的渊源。2014年在北京举办亚太经合组织领导人非正式会议期间,中国政府宣布出资400亿美元成立丝路基金,为"一带一路"沿线国家基础设施、资源开发、产业合作等与互联互通有关项目提供投融资支持,同时将亚太自贸区蓝图以及推进区域互联互通等作为几大重点议题,会议批准了《亚太经合组织互联互通蓝图(2015~2025)》,提出了硬件互联互通、软件互联互通、人员交往互联互通三大支柱领域的行动计划,并确立在2025年实现亚太地区"无缝、全面联通"的目标,[①] 形成了"一带一路"与亚太经合组织的互动,激活亚太经合组织的传统功能,将更多的力量用于推动地区经济增长。

智库,作为地区合作与发展的智囊,应在亚太地区发展中发挥更为重要的作用,应将研究与建议定位于为亚太地区未来发展提供新思路、新方案,明确未来推进亚太地区合作的着力点,应配合亚太经合组织的议题领域,以十大赤字问题作为共同探讨的起步,加强对十大赤字的研究工作,在研究中不断增进了解、增加共识,沟通人心。

表2 "一带一路"倡议与APEC成员合作

成员	战略对接	是否为亚洲基础设施投资银行成员
澳大利亚		是
巴布亚新几内亚	支持"一带一路"倡议	即将
俄罗斯	积极推进"一带一路"倡议和欧亚经济联盟对接	是
菲律宾	认识到"一带一路"倡议和菲律宾发展规划对接的潜力,以及同东盟互联互通规划的协同性	是

---

① 《亚太经合组织互联互通蓝图(2015~2025)》,《中国青年报》2014年11月12日。

续表

成员	战略对接	是否为亚洲基础设施投资银行成员
韩国	希望"一带一路"倡议与北方经济战略对接	是
加拿大		是
马来西亚	同意在"一带一路"倡议框架下加强发展战略对接	是
美国		
墨西哥	支持"一带一路"倡议	
秘鲁	支持"一带一路"倡议	即将
日本	2017年底,安倍政府开始逐渐表示对"一带一路"倡议的支持。提出要针对每个具体项目研究,只要可能,日本都会认真参与	
泰国	泰国东部经济走廊战略同"一带一路"倡议高度契合	是
新加坡	支持"一带一路"倡议	是
新西兰	支持"一带一路"倡议	是
文莱	支持"一带一路"倡议	是
印度尼西亚	"一带一路"倡议与印尼海洋战略对接	是
越南	愿落实好业已签署的共建"一带一路"和"两廊一圈"合作文件	是
智利	支持"一带一路"倡议	即将
中国香港	支持"一带一路"倡议	是
中国台北		

专题报告一：
亚太地区合作的动力与前景

"一带一路"倡议对区域合作与全球发展的重要意义

彼得·古德费洛（Peter Goodfellow）

新西兰国家党主席

一 亚太地区的重要性

据亚洲开发银行称，亚太地区目前占世界经济增长的60%，高于其他任何地区。该地区将成为未来几年全球经济的发动机。

新西兰贸易的71%都是跟亚太地区国家进行的。亚洲，特别是东亚对新西兰日益重要。1970年，只有不到10%的新西兰商品出口到亚洲。今天有超过43%的商品出口到亚洲，其中约41%去向东亚。1970年，新西兰只从亚洲进口了1.47亿新西兰元的商品。今天，我们仅从东亚就进口了约230亿新西兰元的商品，约占我们进口总值的45%。

新西兰十大市场中有六个位于东亚（中国、日本、新加坡、韩国、泰国和马来西亚），中国和澳大利亚是我们最大的两个贸易伙伴。

新西兰与中国的贸易关系在过去十年中增长了两倍，双边贸易额从2007年的86亿美元增加到2017年12月的261亿美元。双边贸易额是两国进出口货物和服务的总值。

我们六大贸易伙伴包括三个东盟国家，即新加坡、泰国和马来西亚。东盟整体约占新西兰贸易总额的11%。

二 关于"一带一路"倡议对区域合作和全球发展的重要性

丝绸之路经济带和21世纪海上丝绸之路（简称"一带一路"）可以

在挑战和变化中创造机会。我们欢迎并支持"一带一路"倡议加强全球的连通性。通过为各国深化合作提供重要机会，倡议已取得积极成果，并有望作为重要的国际倡议为各方提供更多利益。

"一带一路"倡议是中国提出的。然而，这不会是中国独演，更好的比喻是由所有参与国组成的管弦乐队演奏的交响乐。该倡议旨在成为使所有国家受益的主要国际公共产品。它不是一个空洞的口号，而有一系列明显和具体的行动，围绕连通性和基础设施发展的关键环节，作为经济合作的关键部分，非常适合沿线国家和地区的需求。

三 新西兰的独到之处

新西兰是个多样的国家，有150多个民族，说200多种语言。新西兰的华人占新西兰总人数的4%。而新西兰人口的25%是在海外出生的。

作为大洋洲一个有影响力的国家，新西兰可以更好地促进对中国在本地区的参与的理解。作为一个多文化社会，新西兰可以更好地促进中国和大洋洲经贸关系发展并从中获益。我们的中国社区和太平洋岛国社区都很大。它们可以成为中国和这个地区沟通的桥梁。文化多元有益处，如果我们做得好，我们甚至可以创造一个社区中心。

四 一个好的国际公民，与所有主要国家有良好的关系

中国将"五个第一"归于新西兰：1997年，新西兰是第一个就中国加入世界贸易组织与中国结束双边谈判的国家；新西兰是2004年第一个承认中国为市场经济的国家；新西兰是第一个与中国展开自贸区谈判的发达国家，2004年11月，新西兰和中国启动了自由贸易协定谈判；2008年4月，新西兰成为第一个成功完成与中国自由贸易协定谈判的国家；2016年11月，新西兰和中国联合宣布启动谈判，以升级我们的双边自由贸易协定，这是发达国家与中国的第一次升级谈判。

但新西兰与中国的创新关系超越了其贸易关系，还涉及援助合作和相互承认彼此系统等领域。例如：2013年，新西兰是第一个与中国开展三方发展项目的国家，为库克群岛提供了更好的水利基础设施；2014

年，新西兰是第一个与中国签署共同制作电视和电影作品政府间协议的国家；2015 年，新西兰成为第一个亚洲基础设施投资银行（AIIB）创始成员的发达国家；2016 年，新西兰是第一个与中国就有机食品认证达成互认的国家。

因此，我们认为，新西兰可以成为世界上最好的创业中心之一，文化融合中心和国际合作中心，也可以成为可持续发展的最佳枢纽之一。

此外，新西兰可以更多地贡献其独特的作为小国和偏远国的力量。

五 OSRN 的作用

大洋洲丝绸之路网络（OSRN）成立于 2017 年 3 月，于李克强总理访问新西兰时，由国家党主席彼得·古德费洛、新西兰国家党国会议员杨健博士、新中贸易协会主席马丁·汤姆逊（Martin Thomson）、蒙牛雅士利新西兰有限公司总经理赵英发起。OSRN 的使命是促进新中两国各个领域的合作。

在过去十年中，中国与新西兰的双边关系发展迅速。但是，双方想要进一步互动，仍然存在巨大挑战。两国需要更有效的机制来联系和合作。

为了应对这些挑战，OSRN 旨在建立一个有效的机制，并建立一个网络，让关注中国的新西兰组织可以探索与中国合适的合作伙伴互动的方式。同样，它也希望帮助对新西兰感兴趣的中国企业与当地利益相关者建立联系与关系。

OSRN 不只是一个贸易组织。我们是最全面和最具包容性的平台，以全面的商业模式为基础，为所有新西兰和中国的关系提供连接。

OSRN 旨在促进政府机构、智库、行业协会、金融机构、社会组织、媒体以及国际多边和双边组织之间的合作。它还旨在帮助整合中国与大洋洲国家之间的经济、社会和文化等各种资源。

OSRN 在过去一年中一直在快速增长。其首届 NEXT 峰会取得了巨大成功。这是我在新西兰参加过的最好的会议之一。OSRN 已经证明自己是一个非常有效的组织。

NEXT 峰会是一个促进国际资源整合和共享的独立国际合作平台。

我们致力于改善全球创新、合作和可持续性发展。

2017年在奥克兰举行的首届NEXT峰会讨论并分享了关于创新、合作与可持续发展方面的新思路和最佳实践，以及新模式和国际合作机会，并将2013年中国提出的"一带一路"倡议作为案例研究。

ORSN最近成立了咨询委员会和专家委员会，并将与其中国的合作伙伴于2018年11月在杭州举办第二届NEXT峰会。

我们的中国合作伙伴之一是中国社会科学院（CASS）的国家全球战略研究所（NIGS）。

走向亚太共同体：任重道远

金平（Kin Phea）
柬埔寨国际关系学院总干事、博士

亚太作为一个区域或者社区的概念已经被讨论了很久了。现在至少有两种看待亚太社区这个概念的方式，一种是认为它是一个国家间的承诺或者一个主权国家的集合，比如澳大利亚、中国、韩国、日本、美国、加拿大。在20世纪50年代建立的欧盟（欧共体）是这类社区的典范；还有一种方式是认为亚太社区是由该地区各国公民或私营部门成员之间的联系形成的社区。但是，在亚太地区，这些现存的双边或者多边关系和组织并不能完全体现我们对这个地区寄托的希望。因此，澳大利亚前总理陆克文于2008年提出了另一种亚太社区的区域架构。

在20世纪，世界的战略重心从欧洲转移到了美国。在21世纪，它转移到了亚太地区。亚太经济体已经占全球产量的54%，占全球贸易的44%。这种财富转移将持续到可预见的未来。该地区已拥有世界五大军队——美国、俄罗斯、中国、印度和朝鲜——每个都拥有核武器。

这个战略重量的重大转变可能会增加此区域对全球经济、政治和安全事务的影响，也是带有压力的。这些压力会转变成不断增强的潜在的区域战略和领土竞争，对稀缺资源的竞争，比如石油和天然气、水和粮食，以及污染和能源安全方面的挑战。抵制大规模杀伤性武器扩散，人口非法流动，跨国犯罪，恐怖主义和气候变化的需求更加突出了有效区域架构的必要性和优势。

在过去几十年，亚太地区，尤其是东亚是世界经济中最富有活力的部分。这个地区的国家，尤其是中国和印度，在变得越来越富有和发达。这两个国家不仅是成功的经济发展的例子，还是全球经济危机中重要的带动经济发展的火车头。

亚太地区已经在多个层面制定过区域合作的安排，在这些安排里，东南亚国家联盟（东盟）基本上都是中心。东盟被视为能给该地区很多机构提供和平、稳定和发展的成功区域机构。这些机构包括东盟＋3、东亚峰会（EAS）、亚太经济合作组织（APEC）、东盟地区论坛（ARF）和一些不太突出的机构，例如亚欧会议（ASEM）和东亚—拉美合作论坛（FEALAC）。亚太经合组织于1989年在澳大利亚成立，作为一个非正式论坛，成员国可以在该论坛上讨论环太平洋地区的自由贸易和经济合作。从美国的角度来看，这个机构一直是它参与此地区经济的重要通道，其成员资格非常庞大，无法撼动。ARF没有领导人级别的会议，只能处理安全问题，许多人认为它太大，自成立以来进展也不够。与此同时，东盟、东盟＋3和东亚峰会各自程度不同，均不足以代表亚太地区，构成亚太共同体（APC）。EAS最具代表性，并且包括一个领导人会议，但不包括一些关键国家。

基于这些原因，澳大利亚前总理陆克文在2008年6月4日的演讲中阐述了他希望在2020年前创建亚太社区的愿景。他认为，如果该地区要塑造战略发展而不是仅仅是对发展做反应，需要新的机构和合作形式，去建立一种真正和全面的社区意识，其中习惯性的运作原则是合作。陆克文总理的提议是自APEC成立以来澳大利亚地区外交最雄心勃勃的倡议，而澳大利亚将在里面发挥关键作用。

新机构"亚太共同体"将致力于应对安全、经济和资源方面的挑战，例如在安全方面开展区域合作，释放贸易并确保能源、粮食和资源供应的长期安全。该社区将覆盖美国、日本、中国、澳大利亚、印度、印度尼西亚和该地区的其他国家，并能够就经济和政治事务以及未来与安全有关的挑战方面进行全方位的对话、合作和行动。

澳大利亚总理陆克文高度重视东盟在社区建设方面的成功。强调东盟作为亚太地区的次区域集团，在适当的时候发挥正确机构的重要性：在东南亚从战略冲突向合作共识的转变中起了至关重要的作用。澳大利亚认为，现在是时候将推动东盟成立的愿景扩展到更广泛的亚太地区。亚太社区可以被认为是在东盟的领导下，国家之间的信任、安全和社区建设的进程自然扩展的结果。东盟的合作方式强调尊重国家主权，避免对抗，通过协商一致达成协议，并按照所有成员所熟悉的步伐进行。

澳大利亚在2020年之前建立亚太社区的愿景中提出，将亚太地区转变为一个社区，将所有主要区域国家聚集在有单一领导层的单一论坛中，以加强各国在经济、政治、安全和战略问题方面的合作。这样的社区可以鼓励进一步的经济和金融一体化，可以培养在安全问题上更深层次合作和透明的文化，可以促进跨国合作。这个社区概念有可能来自现有的架构，就像ARF和EAS本身也是从东盟的概念里来的一样。

但是，想要将亚太社区作为一个区域内的合作架构去建立，还有很长的路要走，而且受限于地理条件、该区域现有的双边和多边安排、领导和决策机制等因素，将难以付诸实践。

地理上，亚太的概念包括了很多国家和地区。所以决定哪些国家和地区能被包括在"亚太"的范围内可能会有点困难。如果包括了澳大利亚，那应该包括所有的太平洋岛国。如果包括巴西，那应该包括几乎所有的拉美国家。如果包括印度，那可能需要包括伊朗、伊拉克和沙特阿拉伯，那些也是亚洲国家。之前亚洲峰会的经验告诉我们，在构建区域组织时，可以通过开发心理地图代替地理地图来解决问题。目前我们尚不清楚陆克文的亚太地区心理图是什么样的，以及它是否能说服该地区其他方接受它。

亚太共同体与该地区现存的双边和多边安排之间的关系仍然是个问题。澳大利亚总理陆克文强调了美国在该地区的军事联盟的重要性，正如其他澳大利亚领导人过去所做的那样。他是否设想亚太社区取代这些联盟？如果现在不想，那么会在将来吗？如果不这样设想，那么当一些成员是盟友而其他成员不是盟友时，如何建立一个可行的亚太社区呢？亚太社区会对其他多边区域机构，如亚太经合组织、东盟地区论坛（ARF）、亚洲峰会和香格里拉对话的地位带来什么样的影响？陆克文是否想在未来逐步淘汰亚太社区？目前我们尚不清楚他如何说服其他国家或地区——特别是那些在这些机构中有既得利益的国家或地区——认同亚太共同体不会破坏他们的国家或地区利益。

还有一个问题是领导力问题。谁应该坐在驾驶座上？到目前为止，该地区的一些多边机构认为东盟国家处于领导地位。陆克文是否想用美国、日本、中国、印度和澳大利亚这样的大国取而代之？如果是这样，他能否得到东盟国家的支持？如果不是这样，他能否得到 ARF 成员以外的其他国家对东盟领导的支持？

另外还有一个问题是怎么去建立一个既有效率又能接受小国家观点的决策机器。陆克文认为如果我们把大国都带入伙，那么亚太社区可以有效解决地区内的难题。不过，小国家可能会担心他们会被忽略，也会要求能发声。亚太社区可以通过对重要决策采用一致投票原则来满足较小国家的需求。然而大国，特别是美国，可能担心这会妨碍决策过程。

由于提案缺乏明确的定义，而且陆克文关注的是过程而非实质内容，所以无可避免地导致了澳大利亚和该地区对他的真正目的的误解和怀疑。如果像陆克文所说的那样，亚太社区不会是一个经济或政治联盟，那它还能做到什么没被做过的事情？如果它的目标是让大家养成对话的习惯，那么尽管目前的制度不完善，但自 1989 年以来，这一习惯在该地区已经根深蒂固。不过，该提案已经产生了令人满意的效果，也就是鼓励该地区的人们再次认真研究现有区域组织的有效性和改进方法。

因此，作为一个国家社区集合的亚太共同体可能很难实现。亚太地区的主权国家有一堆问题，比如有大量的领土、军事和其他领域的问题。负责外交政策的人负责处理这些问题；主权国家强烈地认为，如果他们不捍卫自己的国家利益、权利和领土，他们就无法生存。正因为如此，让该地区各国以各种形式联合或合作来创建亚太社区并不容易。作为亚太地区未来的垫脚石，我们首先要加强该地区个人和私营部门之间的联系，这是未来实现亚太社区的途径或先决条件。

同时，在现有架构的基础上，我们应该提高亚太地区互联互通的潜力，包括可能成为亚太社区先决条件的经济、社会、文化和知识联系。值得注意的是，亚太地区的经济联系已经很成熟，社会和文化联系也正朝着正确的方向发展。我们还需要去建立的是学者和学者之间，以及普通人之间的知识联系。普通人需要对人类、自然和地球的共同历史表现出更多的兴趣。

亚太地区现在的联系比历史上其他任何时候更强大。因此，如果该地区每个国家的人民多一点努力去加强他们在经济、社会、文化和知识等各层面的联系，那么我们将看到整个地区相互依赖的增强。在洲际关系、国家利益、国家主权和领土方面可能依然有一些问题存在，但如果我们能加强这些其他领域的联系，就会增加建立亚太共同体的可能性。

在其他国家中，澳大利亚和中国在促进亚太地区合作方面发挥了关键作用。澳大利亚给亚太世纪面临的挑战和机遇带来了巨大的资产和优势，以及真实的承诺和活力。澳大利亚的安全和繁荣越来越容易被亚洲所发生的事所定义。鉴于这一事实，澳大利亚政府基于澳大利亚外交政策的传统，在各个层面积极加强与此地区的合作，如加强与邻国的伙伴关系，包括双边和区域合作，在现有区域集团中发挥积极作用，并努力塑造一个新的、能满足未来本区域和世界需求的区域架构。

对中国而言，她正在本着改革创新的精神在亚太地区寻求全面合作，并努力帮助塑造该地区的美好未来。中国的发展为亚太地区提供了机会。亚太地区占世界人口的40%，世界贸易的一半左右，全球GDP的57%。在全球经济复苏乏力的时代，中国还提供了有形和无形的国际公共产品。

中国在积极推动亚太地区自由贸易协定（FTAAP）——一个对于亚太地区长期繁荣很重要的策略倡议，同时也是一个可以保证该地区开放经济的公共机构。最重要的是，中国愿意提供一个可持续发展和包容性的理念，或者说是具有普遍意义和中国特色的发展理念。中国是全球经济治理中不可或缺的一部分。自中国改革开放以来，商品、资本和人口的流动在全国范围内飙升。

总而言之，就地理定义而言，亚太地区是一个非常广阔的地区，从政治、安全和经济领域来看，它甚至更加广阔。21世纪是亚太地区的世纪，亚太地区成为世界战略重心，其中包括区域对全球经济、政治和安全事务的日益增加的影响以及压力。此外，亚太地区虽然有很多次区域合作安排，但这些现有架构都不能代表整个地区。

为了取代现有的区域安排，澳大利亚总理陆克文提出了一项倡议，即到2020年建立一个"亚太社区"，这是一个新的区域机构，将亚洲、大洋洲和东太平洋国家作为一个社区来建设。但目前该提案可能面临一项艰巨的任务，如何将世界上最大的权力集中到一个单一的机构中。从地理条件、现有区域安排、领导和决策机制来看，这个计划很难付诸实践。

因此，虽然亚洲共同体目前只是一个设想，但是我们应该改善现有的区域安排和机制，以促进亚太地区的合作，我们也应该提高该地区的互联互通潜力，包括经济、社会、文化和知识联系，并加强该地区可成为亚太共同体的先决条件的个人和私营部门的联系，而澳大利亚和中国在该地区所发挥的主要作用应予以认真考虑。

亚太发展中的新动态：
经济竞争、中等国家政治活动和峰会外交

黄小明

惠灵顿维多利亚大学教授

亚太地区的一些长期问题出现了戏剧性的发展，这些问题似乎影响了我们在该地区组织安全和发展的方式。我借此机会讨论以下四项发展项目及其对亚太发展的意义。

朝鲜半岛的最新发展令最高级别的政策制定者在朝鲜半岛冲突中直接相互接触，这创造了一系列新动态，推动朝鲜问题以前所未有的方式发展。最近的朝韩首脑会议表明，我们在向解决无核化问题和迎接朝鲜半岛实现和平、安全与发展的挑战方向迈出了更近的一步。韩国的发展问题，虽然仍未有定论，对该地区的国际秩序将产生重大影响。

中国和美国之间的贸易摩擦让世界上最大的两个经济体进行经济和工业竞争。这种竞争的方式显示，他们希望在未来几年内组织全球工业发展。竞争的结果将对全球的生产、服务和资源提供的结构产生重大影响。这个发展将使亚太地区的国际政治和经济复杂化，而在这个地区多边机构已成为组织该地区经济合作和一体化的主要平台和支持机制。

美国退出"跨太平洋伙伴关系协定"（TPP），美国向亚洲的倾斜逐渐消失，这开辟了相当多的空间，可以让"中等强国"积极推出自己的主张，并在新环境中寻求自己的角色。事实上，该地区的中等势力更加活跃，并希望在自己的权利范围内发挥更大的作用。这是一个值得注意的趋势，主要被中美战略互动支配的大国政治使得很多势力都开始为实现自己的利益寻求新的方式、伙伴关系和平台。

最后，人们在讨论亚太地区的重大发展时不可避免地会提到中国的"一带一路"倡议（BRI）。关于 BRI 的范围和目的，是什么驱动它以及它能实现什么，存在很多争论。这是世界经济体系的重大发展，既是因为这个倡议的规模，组织的特殊方式以及它与中国工业发展结构动态的相关性，也是因为它给亚太地区在组织发展和合作方面带来的机遇和挑战。

在接下来的部分中，我将更详细地介绍每一类发展项目，并总结它们对亚太地区发展的影响。

一 朝鲜半岛无核化和和平协议的可能性

朝鲜半岛的紧张局势和冲突的螺旋式上升在 2018 年的第一天戏剧性地扭转了。当时朝鲜主席金正恩在新年的讲话中宣称他的国家已经建立了核威慑能力，现在是时候继续改善朝韩关系了，并呼吁努力推进民族和解与统一。

韩国总统文在寅附和了金的呼吁，朝韩两国迅速安排了两国的高级官员在 2 月份的平昌奥运会上会面。不仅朝韩关系正在迅速升温，其他方面也迅速升温，比如特朗普总统接受金主席邀请进行两人之间的直接会晤，习近平主席 3 月在北京与金主席的实际会晤以及文总统与金主席 4 月的会晤。

随着"特金会"即将举行，事情仍在继续发展。朝韩的"板门店宣言"表明了事态的发展方向，以及它将带来的挑战。第一，朝鲜半岛明确证实朝无核化方向发展。如果按照金主席在与习主席的会晤中提出的"分阶段进程同时实现朝鲜半岛无核化"的方案，这可能要求华盛顿承诺以某种形式为朝鲜半岛提供安全保障。

第二，将停战协议变为和平条约，协议到条约的转变将在 2018 年年底完成。宣言为实现这一目标留下了两个选择：朝韩和美国的三边机制，或涉及朝韩、美国和中国的四边机制。目前还没有看到哪一个将占上风以及协议将如何达成，但任何一个的意义都很深远。这一发展背后的动力是朝韩自己对结束战争的愿望，65 年前停战协议背后的不同法律、政党，以及大国利益相关者支持朝鲜和平解决方案的需要。

第三，宣言启动了朝韩为了连接南北半岛在东西海岸修建铁路的计划。随着安全局势的紧张有可能得到缓解，各国对朝鲜半岛的利益将转化成往这个地区发展经济。金正恩主席在"文金会"之前已经在党特别大会上宣布，朝鲜将着手并专注于经济改革和开放。关于如何利用这个机会推进以韩国为中心的东北亚地区的经济合作，韩国也进行了很多讨论。这可能意味着半岛经济将更加一体化，计划开发几个主要经济区：东海岸、西海岸和围绕非军事区。在韩国的这个新北方政策中，一个更加一体化的韩国经济可以进一步把韩国连接到该地区的几个更大的经济发展走廊：俄罗斯—蒙古国—中国走廊到中亚；大图们江走廊；中国的东三省和山东，并通过其南方政策，进一步连接东南亚。也许这将为韩国、日本和中国的三方经济合作增添新的动力。所有这些都是受所涉及的每个国家中最高级领导人/政策制定者/政治家直接参与所带来的影响：韩国的金正恩、韩国的文在寅、美国的特朗普和中国的习近平，远远超出了通常的外交官僚机构在解决这些问题上付出的努力。政治领导使这些不可能变成可能。在预测将要发生的事情时，我们应该考虑到最高级政治家的政治意愿和手段。

二 中美贸易关系紧张和大国经济竞争

大国经济竞争正在展开。3月8日，特朗普总统宣布从23日起对钢铁进口征收25%的关税，并对铝征收10%的关税。4月1日，中国宣布对来自美国的128个进口产品征收25%和15%的关税，受影响的美国进口货物总价值为30亿美元。

3月22日，特朗普总统根据2017年8月18日启动的美国301调查结果，签署了一份行政备忘录，指示美国贸易代表办公室（USTR）罗伯特·泰莱泽（Robert Lightthizer）：（1）就中国在知识产权方面的争议向世贸组织提起诉讼；（2）启动批准中国进口航空航天工业、ITC部门、重型机械和运输设备等25%额外关税的程序；（3）限制中国在这些领域对美国的投资。

4月3日，美国贸易代表办公室公布了一份1333个中国进口商品的名单，建议对中国总价值为500亿美元的进口商品征收额外关税。在短短几个小时内，中国商务部宣布计划对中国进口的美国产品（主要是大豆、玉米、猪肉、牛肉等农产品）征收25%的额外关税，精准影响中国自美国进口总额500亿美元。

虽然北京随后宣布计划大幅降低汽车进口的关税，放宽对汽车行业和保险业外资所有权的限制，并加强对知识产权的保护，但是4月17日美国商务部重新启动对中国电信巨人中兴从美国购买芯片的禁令。

5月4日，中国和美国在北京结束了双方最艰难的一次经贸官员会谈。讨论就美国要求重启贸易关系的协议无法达成一致，但话没有说死，为未来做好了准备。

许多人把这些事件理解为世界两大经济体之间即将发生贸易战。评论员很快将这同美国在20世纪30年代与欧洲的贸易战进行了比较，那场贸易战最终导致了大萧条；也将此同美国在20世纪80年代与日本的贸易战比较，那场贸易战导致日本在国际经济和贸易中认输投降。

特朗普总统正在寻找或测试一种更有效的方式与中国在经济上"接触"，因为他对手下依赖于多边机构去处理的正常手段和态度表示不满。新方法将通过直接、双边和一对一的形式，直接集中在中国关键的经济利益和实践上。

除了受到影响的大量贸易，作为美国行动的真正目标是中国组织业务和生产的方式，因为这可以说是使中国企业获得产业竞争力的关键因素，特别是在高科技领域和新的增长引擎行业。在美国看来，这将导致美国对华贸易的巨大逆差。

中国似乎已准备好并愿意就公平贸易协议进行谈判，哪怕可能会牺牲一些贸易竞争力。但是，在商业行为和实践方面，或者在工业发展如何组织的问题上，中国对其在组织工业和经济发展方面的发展方式有着相当的信心。这可能很难改变，尤其是当美国在最新的国际政策和战略宣言中将中国列为"修正主义竞争对手"的情况下。中国在国内进行最新的政治和体制改革和重组，似乎让它在组织政治、经济和工业发展的方式方面得到了更多的信心，将很难看到中国会回避这一点。

工业发展处在不同阶段的两个主要经济体之间的国际经济竞争将对全球经济秩序将产生重大影响，特别是在全球价值链、供应链、贸易和投资规则、生产网络和跨境经济伙伴关系的增长方面。对于亚太地区而言，这种直接参与将给该地区战略经济关系的管理带来新的挑战和机遇。

三 美国"转向亚洲"政策、退出 TPP 和亚太地区的中等国家

美国总统退出 TPP 的举动和美国"转向亚洲"政策方面的模糊不清开始使此地区好些国家的战略关系出现变化。剩下的 11 个成员在 3 月重新组合并重新谈判了一份修改过的 TPP，称之为"全面与进步跨太平洋伙伴关系协定"（CPTPP），其中削弱了许多和美国相关的条例。在另一方面，安全伙伴关系中的合作活动在继续，美国在南海的巡视也在继续，甚至不是以"转向亚洲"政策的名义。

与此同时，人们仍然感受到各国在新兴的地缘政治和地缘经济结构中需要调整自己的压力，如韩国"萨德"部署引发的紧张局势，南海争端中特别是与菲律宾和与越南的关系，新加坡在中国 BRI 国际合作高峰论坛上的立场，与台湾地区的军事关系，以及在大太平洋地区很多国家与地区关于与美国和中国的关系中平行优先事项的可取性和可持续性的政策辩论：在政治和安全问题上与美国关系密切，在贸易和投资上与中国关系日益密切。

许多人希望将上述大部分发展视为美国"转向亚洲"政策和 TPP 失败的迹象。实际上，这些更加明显地反映中国崛起给该地区带来的结构性变化的影响。华盛顿和北京政治领导的不确定性以及它们相互的联系给其他关键角色带来了极大的焦虑，促使它们积极主动地行动，并在这些结构性发展中捍卫和促进自己的国家利益。

这种新的中等国家的强权政治反映了一系列国家曾在冷战期间发生过重大战争和冲突的亚太地区的结构分裂中发挥日益积极的作用。与此同时，这有助于推动他们在自己和新的参与者之间发展新的伙伴关系，或许也可以围绕一些不同的区域地缘政治和地缘经济结构发展伙伴关系。在某种程度上，这给亚太地区带来了一种不一样的动态：正如特朗普总统所总结的那样：应该让该地区的国家承担责任并照看他们自己的利益。

四　中国的 BRI 及其在亚太地区的跨境工业活动

在过去十年内，一个重大的国际政治经济的发展是中国的 BRI。学术界和政策分析师在 BRI 是什么，其范围、方法和目的等方面依然存在很多争论。

然而，除了这些主流观点之外，我们不难将整个计划视为中国企业和产业资本"走出去"的一部分。这种国家产业资本的国际化曾经在世界现代工业发展的早期开发者身上发生过：例如 19 世纪的英国、20 世纪的美国、20 世纪 70 年代和 80 年代的日本。在现代工业发展到了某个阶段，市场驱动的生产活动必须超越国界设下的生产效率，追求可持续性和生产效率的最大范围。

此外，工业资本的跨境流动主要转向基础设施项目，并通过中国发展融资中特定类型的公私合作伙伴关系以及中国与利用 ODA 和 FDI 机制的项目方之间的政府间伙伴关系实现。他们在消费品而不一定是在投资和工业生活主要成果的那类行业里建立一种全球生产网络。

BRI 的范围是全球性的，主要取决于项目的跨境位置；其运作机制是双边的且取决于项目。因此 BRI 很难被认为仅限于甚至只是集中在亚太地区。然而，该地区有大量的 BRI 项目，因为在这个地区基础设施部门的外国直接投资在历史上长期不足。

BRI 因为以下几种关键方式与亚太地区相关。

首先，它涉及亚太地区跨国机构跨境投资和产业一体化的进一步发展，以及项目成员跨境工业活动和生产关系的双边协议和监管框架。

其次，BRI 经历并发展组织跨境工业活动和生产关系的新机制和平台，并将为东亚地区主义添加急需的新动态和动力。

最后，它将项目国家的国际经济利益和力量与国家政治经济联系起来，加剧了该地区许多国家在 20 世纪的大部分时间所面临的全球化和国民经济发展的挑战。

五　机遇和挑战

这些发展把亚太地区一些长期存在的问题扭转过来，使得他们开始向别的方向发展,从而影响了亚太地区发展中地缘政治和地缘经济结构的形成。他们也影响了地区国际关系的形成方式,重新塑造了地区内不同国家的利益,和他们影响这些问题进一步发展的能力。

更具体地说,这些发展表明国家竞争从安全和地缘政治转向贸易和投资,以及该地区国际关系中安全与经济之间界限的模糊。后者对许多亚太国家外交政策中长期存在的优先考虑因素至关重要:是在贸易和投资方面与中国建立更积极的关系,还是安全和地缘政治方面与美国建立更积极的关系。我们可能会看到这种转变对于国家在安全和地缘政治或者贸易和投资方面重新站队的复杂动态。

美国和中国之间激烈而直接的经济竞争将对该地区的不同国家产生切实和不同的影响。目前尚不清楚这将如何进一步影响到目前为止在安全和地缘政治领域的结构关系——经济竞争的阵容是否会削弱安全和地缘政治的战略关系?或者这两个竞技场能否在外交政策中保持分离?

此外,我们可能会看到除美国和中国以外的其他国家将在该地区寻求更积极的角色,更加"自信",并寻求更广泛的伙伴关系。亚太地区作为国际政治经济的一个单元将继续难以捉摸,因为其边界以及集体经济和安全利益关系的连贯性和完整性继续受到各种次区域、跨区域集团和伙伴关系的侵蚀。

最后,我们已经看到很多证据表明,每个国家的大多数高级政治领导人都直接参与了该地区的重大国际问题。国内政治领导随着国内政治的演变而变化,这些国家和其他关键问题的进一步发展将受到这些国家国内政治的显著影响。根据每个国家或地区的政治制度和程序的不同,政治变革和行为方式的某些政策后果是比较容易预测的,但通过一对一峰会的双边政治参与变得更具实质性,而不仅仅是象征性的。这为该地区的关键问题的发展增加了新动态,为各国影响政策进程和问题发展开辟了空间。我们有必要去理解不仅仅是各方的"国家利益"能确保这些关键问题得到有利发展。

亚太互联互通和包容性发展所面临的挑战

阿米坦都·帕里特（Amitendu Palit）
新加坡大学南亚研究院经贸政策方面资深研究员和研究组长

亚太地区实现包容性发展的目标可能会受到该地区新连通性项目增长的阻碍。本文确定了现有的海上和信息技术能力方面的地区性差异，认为因为一些国家有更多能力开发新的运输和通信网络，所以经济差异可能扩大。本文认为，亚太经济合作组织的主要行为体，例如中国和澳大利亚，应该进行强有力的区域政策协调与合作，从而避免此类后果。

一 简介

由21个APEC成员组成的亚太地区是一个多样的经济集合体。它包括世界上最大的经济体（比如美国、中国、日本、加拿大、俄罗斯、印度尼西亚）和最富有的经济体（比如美国、新加坡、澳大利亚、新西兰），以及很小的经济体（比如菲律宾、智利、越南）和收入略低的经济体（比如印度尼西亚、菲律宾、越南和巴布新几内亚）。所以，我们并不意外APEC的一个关键主题是通过减少发展差距，建立一个包容性经济发展模式，[①] 尤其是在现在地区内经济发展如此不平衡的情况下。

我们需要在该地区通过连通性项目快速发展基础设施的背景下看待亚太地区包容性和平衡的经济增长。其中最引人注目的是由中国领导的

[①] https://www.apec.org/Meeting-Papers/Leaders-Declarations/2014/2014_aelm.

"一带一路"倡议（BRI），该倡议设想通过对陆地、海洋和网络空间的大规模投资来连接整个地区。BRI 现在计划扩展最初连接亚洲和欧洲的建设计划，扩展到美洲①，这将覆盖更多的亚太地区。BRI 是在 APEC 不同地区的几个连通性举措的基础上提出的，如连接东亚与东南亚，并将这两个区域与中亚和南亚分别相连接的大湄公河次区域（GMS）②。但是 BRI 跟现存的连通性项目不一样，它通过连接陆地和海洋走廊，雄心勃勃想要扩大规模。③

随着 BRI 和更多未来项目推动连接亚太地区相同的综合基础设施发展，判断其对包容性发展的影响变得越来越重要。拥有更多经济资源和更好能力的国家有可能比其他国家更容易从新开发项目中获益。本文通过讨论 APEC 经济体在海事和信息技术能力方面的基础设施差距以及连通性高涨对这些差距的影响来审视这一问题。文章认为，现有的差距确实会扩大，因为一些国家的一些次区域，部分国家和地方更有能力从新基础设施中获益。本文强调了该地区高收入和相对低收入经济体的担忧的关联性，建议加强 APEC 主要行动者之间的区域政策协调与合作，例如中国和澳大利亚，以应对包容性发展的挑战。

二 海事基础设施

（一）港口

亚太地区各方之间的港口容量和效率呈现出显著差异。在 21 个亚太经合组织成员中，中国拥有世界上最多、最繁忙的港口（表1），中国 12 个港口跻身于世界上最繁忙的 30 个港口之内，其中 9 个是集装箱运输量的前 30 名。韩国、马来西亚、新加坡和美国等其他几名 APEC 成

---

① 《中国将 BRI 扩展到拉丁美洲》，http：//www.china.org.cn/opinion/2018 - 03/15/content_ 50710870. htm。

② Prabir De and Kavita Iyengar（2014），"Developing Economic Corridors in South Asia," Asian Development Bank（ADB），Philippines.

③ Amitendu Palit（2017），"India's Economic and Strategic Perceptions of China's Maritime Silk Road Initiative," Geopolitics，DOI：10. 1080/14650045. 2016. 1274305.

员的港口是世界上重要的货物和集装箱运输港口。但是，与中国相比，这些国家的港口要少得多。

表1 世界港口繁忙度排名前30位之APEC成员方港口（2015年）

国家或地区	港口货物总量排名	港口集装箱运输量排名
澳大利亚	黑德兰（第6）、丹皮尔（第23）、纽卡斯尔（第25）	
加拿大	大温哥华地区（第28）	
中国	上海（第1）、青岛（第3）、广州（第4）、宁波（第7）、天津（第8）、大连（第10）、香港（第12）、秦皇岛（第13）、厦门（第18）、深圳（第20）、连云港（第26）、营口（第29）	上海（第1）、深圳（第3）、宁波（第4）、香港（第5）、青岛（第7）、广州（第8）、天津（第10）、大连（第15）、厦门（第16）
印度尼西亚		丹戎普瑞克（第26）
日本	名古屋（第19）、千叶（第24）	
韩国	釜山（第9）、光阳（第11）、蔚山（第21）、仁川（第26）	釜山（第6）
马来西亚	巴生（第15）	巴生（第12）、丹戎帕拉帕斯（第18）
新加坡	新加坡（第2）	新加坡（第2）
中国台北		高雄（第13）
泰国		林查班（第21）
美国	南路易斯安那（第14）、休斯顿（第16）	洛杉矶（第19）、长滩（第20）、纽约（第23）
越南		西贡（第22）、西贡新港（第27）

资料来源：2015年世界港口排名，美国港务局协会，http://www.worldshipping.org/about-the-industry/global-trade/ports。

处理最大货物量的区域港口不一定是处理最大集装箱运输的港口。最繁忙的澳大利亚港口（如黑德兰、丹皮尔和纽卡斯尔）和日本港口（如名古屋和千叶）不属于最顶级的集装箱运输港口；另外，来自印度尼西亚、泰国和越南的一些东南亚港口虽然是最大的集装箱运输港口之一，但并不是处理最大货物量的港口。在这方面，美国国内港口对比度排名最高。在中国，处理重货的大多数港口也是集装箱运输量最高的港口（表1）。新加坡港口、韩国釜山和马来西亚巴生港也是如此。

能够处理大量货物和集装箱运输的港口是区域海洋地理中最重要的节点。它们这两个方面的能力反映了它们在战略航线和高运营生产率方面的地位。中国的几个港口——上海、深圳、香港、宁波、青岛和厦门——坐落在连接亚洲与北美和北欧的最繁忙的世界航线上[①]。

他们受益于这些航线的密集货物运输，并且能够在靠泊大型船舶和低周转时间（0~1天）方面实现高运营生产率[②]。事实上，亚太地区的一些顶级港口，如上海、新加坡、釜山和巴生港，无论是货运量和集装箱运输量都是世界上最繁忙的转运港口。这些是亚太地区海洋地理中的节点，这些节点对于运营全球供应链和生产网络至关重要。

这些地区港口的表现表明，中国是亚太地区的"领导者"。与该地区其他成员相比，这使中国处于有利地位，能将其腹地与全球海上贸易和生产网络结合起来。新加坡、韩国和部分马来西亚也具有这些优势。虽然澳大利亚、加拿大和日本拥有处理大型货物的港口，但这些港口和中国比，在处理集装箱方面的能力相对较低，这可能是由于中国港口在重型跨大陆航线上的地理位置更好。一些美国港口也享有上述优势，但同样的，他们也被中国港口超过了。另外，印度尼西亚、泰国和越南等东南亚APEC成员已经能够开发一些能有效竞争集装箱运输的港口，即使它们不是处理大型货物最重要的港口。总体而言，这种情况反映了中国在当前海基础设施领域占主导地位的情况，多个港口能在下一级竞争中赢得更多空间。

港口的海上基础设施情况也表明，某地区最顶级的港口不一定是最富裕国家的港口。尽管中国人均收入为8069美元，不仅低于亚太

---

① 根据世界航运委员会的数据，亚洲—北美和亚洲—北欧是2013年最繁忙和第二繁忙的海上航线。http://www.worldshipping.org/about-the-industry/global-trade/trade-routes.

② 超大型船舶的货物量至少为13,300标准箱。

经合组织的平均水平（15,512美元），更远低于区域经合组织和高收入经济体，如澳大利亚等（56,554美元）、日本（34,474美元）、韩国（27,105美元）、新加坡（53,629美元）和美国（56,207美元），中国却在地区高效港口中占主导地位[1]。其他一些相对低收入的区域经济体，如马来西亚、印度尼西亚、泰国和越南，也拥有世界上最好和最繁忙的港口，而新西兰、文莱和智利等富裕的区域经济体则没有。因此，APEC经济体在其海运能力方面存在的差距问题纯粹无法用"高收入—低收入"棱镜来解释，我们需要更深入地了解他们海事基础设施能力。

（二）物流

从各方物流能力的角度来看，海事基础设施的区域复杂性变得更加明显。物流包括对跨境贸易至关重要的多项职能。这些包括那些"在边境"和"越过边界"，并可以对生产者的竞争力产生重大影响。前者包括港口的运营效率和向入境和出境货物提供清关的速度，后者包括港口与其腹地之间的后向运输联系以及仓储服务。各方整体物流绩效反映了它们在这些不同参数上的效率和能力。

亚太经合组织成员物流绩效指标确实体现了各经济体表现的对比；然而，对比度的特征与先前港口的不同。虽然中国在物流绩效指数（LPI）中排名世界前30位，但与其他地区明显领先的港口不同，它远远落后于其他成员的物流能力（表2）。与港口不同，区域物流能力方面并看不出部分相对较低收入经济体在进行实质性"追赶"。值得注意的是，除了在亚太经合组织物流业绩方面处于领先地位的新加坡，和拥有最高地区人均收入的新加坡之外，亚太经合组织的其他东南亚成员的港口在全球前30名中也名列前茅。印度尼西亚、越南和菲律宾拥有世界排名前30位的港口，在LPI指数中排在六十几和七十几名；马来西亚和泰国位列前50名[2]。

---

[1] 亚太经济合作组织（APEC）主要指标数据库。

[2] https://lpi.worldbank.org/international/global.

表2 LPI排名前30位的APEC成员（2015年）

国家/地区	LPI排名	海关	基础设施	物流质量
新加坡	5	1	6	5
中国香港	9	7	10	11
美国	10	16	8	8
日本	12	11	11	12
加拿大	14	6	9	15
澳大利亚	19	22	18	17
韩国	24	26	20	25
中国台北	25	34	26	13
中国	27	31	23	27

资料来源：世界银行，https://lpi.worldbank.org/international/global。

（三）差距和连通性：深入发展

港口和物流绩效呈现出了亚太地区各成员方之间的基础设施差距。毋庸置疑，这些差距对即将实施的如"一带一路"倡议（BRI）这样的连通项目有影响。就这些项目打算在大型海域建立的联系而言，能利用这些项目长处的重要性几乎不容忽视。关键的问题是，控制这些连通国家或地区经济命脉的关键人物如何能够有效地利用新的联系和新的能力。显而易见的答案是，拥有更好物流和海运基础设施的国家或地区将更有能力这样做，因为它们可以更快地连入海上丝绸之路的新网络[1]。需要注意的另一点是，这些能力不仅适用于个别国家，而且也适用于这些国家的部分地区，这些部分地区在开发资本化方面相对更好。亚太经合组织成员中更好和更强大的港口将为他们的腹地和市场创造更多机会，对于不同地区物流绩效和港口容量千差万别的APEC成员尤其如此。

从各成员内部港口能力的差异可以看出，个别成员的某些地区具有

---

[1] Amitendu Palit（2018），"The MSRI, China and India: Economic Perspectives and Political Impressions," in Jean Marc Blanchard（ed.）, *China's Maritime Silk Road Initiative and South Asia*, Palgrave.

成为"领导者"的可能性。例如,韩国的浦项港在处理货物方面排名世界第83位,而釜山则排名第9位。马来西亚的槟城港口排名远低于88,而巴生港和丹戎帕拉帕斯则在集装箱装运排名中位居前30(表1)。像美国、加拿大和澳大利亚这样的非亚洲APEC成员以及印度尼西亚等亚洲成员,也存在类似的内部差异①。这些港口生产力的地方性差异是因为亚太国家和地区之间在保持新基础设施方面存在比较大的差异。该观察结果适用于亚太地区更广泛的次区域以及东南亚。例如,排名第5的新加坡在物流业绩方面领先于马来西亚(32)、泰国(45)、印度尼西亚(63)和越南(64)。② 物流业绩排在后面的这几个成员的排名相对较低,尽管他们拥有一些高效率、排名靠前的港口。当然,这并不是说这些成员方尽管物流相对较差,港口却很好。由于缺乏各个港口物流指标的数据,无法确定这些港口处理的货物与其物流质量之间的相关性。然而,直观地说,这些港口比这些成员内部其他港口拥有更好的物流,否则,它们将无法像现在这样处理海上交通。因此,马来西亚的巴生港的物流预计将比槟城好得多,印度尼西亚的丹戎普瑞克与勿拉湾港或泰国的林查班与曼谷相比也是如此。但更重要的是,这些优质的港口在这些国家相对较少。东南亚的许多港口继续受物流令人不满意的困扰,使人怀疑该地区整体是否能够从正在进行的连通性项目中获益。事实上,除了个别例外,东北亚和澳大利亚似乎相对东南亚能更好地利用新的连通项目。

(四)信息和通信技术(ICT)

现代的连通性不仅意味着陆地和海上联通,还包括了网络空间。数字化联通是现代商业的一个关键所在。这些成员在这方面准备得越好,就越能利用传统连通带来的新机会。这是BRI提出"电子丝路"的一个重要原因之一。这是一个其他地区连通措施,包括在其他地方,会认真

---

① 2015年世界港口排名,数据来源于美国港务局协会,http://www.worldshipping.org/about-the-industry/global-trade/ports。

② https://lpi.worldbank.org/international/global.

考虑的项目，毕竟现在货物和服务之间，物流、电子贸易和 ICT 之间有着错综复杂的联系。

1. 宽带网络和网络就绪

亚太地区在 ICT 能力方面呈现出很大的地区差异性。这一点从宽带订阅就能看出来。从百人宽带订阅来看，这个数据在某些国家或地区非常高，而在一些国家或地区比较低。有 8 个 APEC 经济体的宽带订阅率比世界平均值低（图1）。同时，有一些成员的订阅率不仅比世界均值高，而且比 APEC 的也要高。例如，在 2015 年，韩国每 100 个人中就有 40 个订阅宽带，加拿大 36 个，美国和新西兰 31 个，日本 30 个，澳大利亚 28 个，新加坡 26 个，中国 20 个。这些经济体让 APEC 的宽带订阅均值（19）比世界均值（12）高出了许多，但是这些国家的高网络访问是和另一些国家的网络访问限制是并存的，如巴布新几内亚（<1）、印度尼西亚（2）、菲律宾（5）、秘鲁（6）、文莱（8）和越南（8）。

不过，有趣的是，成员间计算网络就绪指数（NRI）（一个用于估计国家或地区在商业和政策中运用 ICT 的就绪水平和不同股东利用最新技术的能力的指数）①的差异并不十分大（图2）。不过，宽带订阅率高的成员仍然是"网络就绪"做得更好，在政策和实际各方面运用 ICT，对比一下那些宽带订阅量低的国家，貌似在数字连通方面也没那么有准备。

2. 越富越好

信息通信技术能力——无论是在互联网宽带还是 NRI 方面——反映了高收入国家或地区在亚太经合组织中的领先于其他国家或地区的优势。事实上，NRI 是一个把中国放在亚太经合组织中相对较低水平的指标。虽然没有像美国、韩国、新加坡、日本和加拿大那样反映互联网宽

---

① 网络就绪指数（NRI）考察经济体在以下三个方面有效运用 ICT 的就绪程度：ICT 一般业务、监管和基础设施环境；三个主要利益相关方团体（个人、企业和政府）是否愿意使用 ICT 并从中受益；以及他们对最新信息和通信技术的实际使用情况。NRI 是基于总共 9 个支柱的综合指数，而这些支柱又由多种措施组成。资料来源：亚太经济合作组织（APEC）主要指标数据库

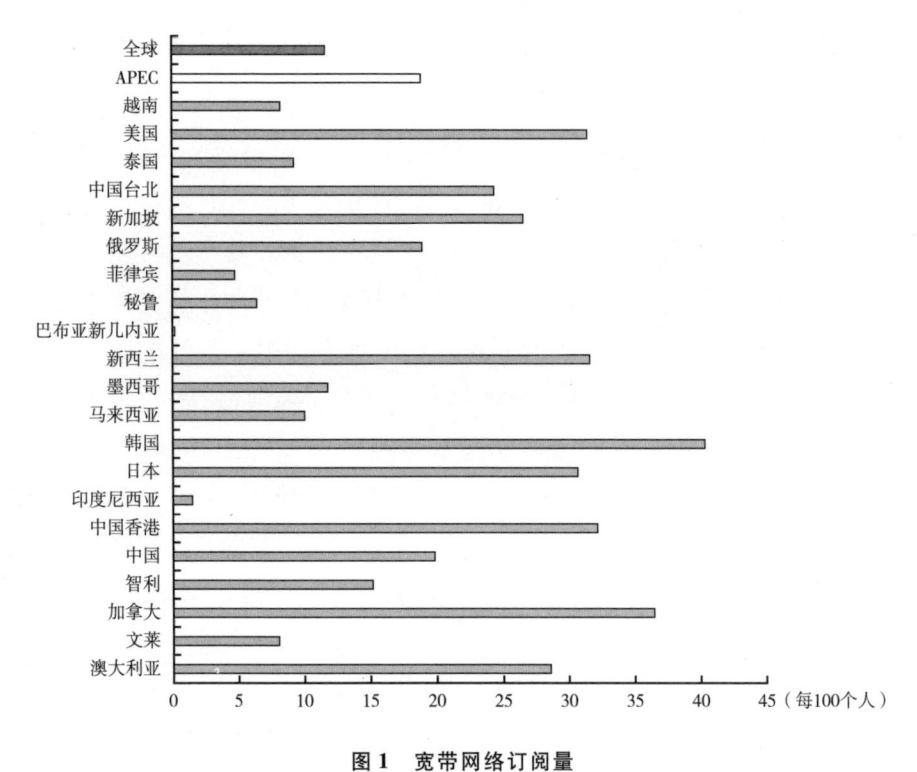

亚太地区发展与合作

图1 宽带网络订阅量

资料来源：亚太经济合作组织主要指标数据库。

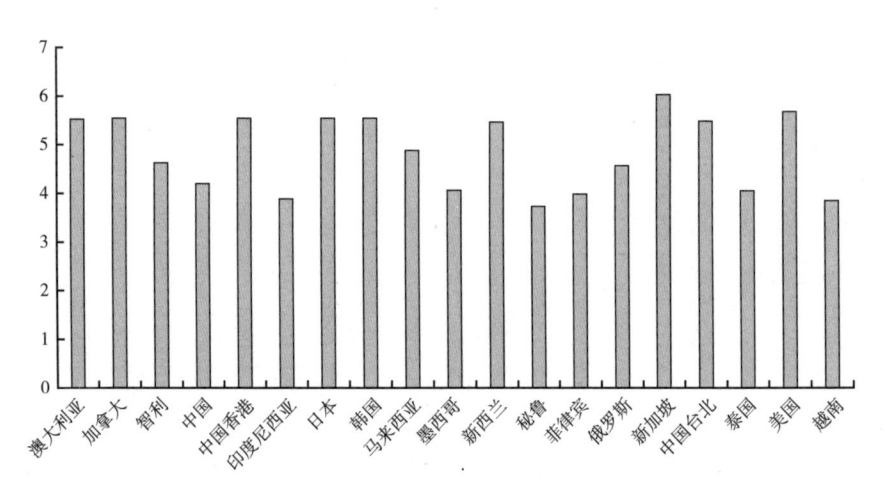

图2 计算机网络连接就绪指数

注：文莱和巴布亚新几内亚没有指标。
资料来源：亚太经济合作组织主要指标数据库。

带订阅量，但中国仍然在该指标中进入 APEC 前 10 名，而在 NRI 上，其排名降至 13。

鉴于人工智能（AI）的迅速出现及其对区域产业日益增长的影响，该地区 ICT 领域的"领导者"和"追随者"之间的差距可能会扩大。然而，与此同时，该地区一些信息通信技术能力相对落后的国家在人工智能的一些数字部分（如云计算）方面取得了相当迅速的进展。菲律宾和印度尼西亚尽管宽带互联网渗透率较低，仍能够提高"云就绪指数"的排名——该指数衡量各成员使用云计算的能力①。这呈现出一个有趣的场景：亚太地区数字能力的"领导者"—"追随者"关系虽然目前仍然重要，并且经合组织中的澳大利亚、加拿大、日本、韩国、新西兰和美国等高收入经济体仍然处于领先地位，但是这种关系在未来可能会改变，因为某些"追随者"成员可能在某些新领域取得良好进展。尽管如此，更多的数字化能力能让大多数经合组织和高收入经济体更好地准备和利用即将到来的连通性革命。

三　结论和思考

在各方海事和 IT 基础设施能力方面存在重大差异的情况下扩大亚太地区的连通性，对包容性发展构成了挑战。这些挑战来自"领导者"国家，或这些国家内的特定次国家级地区和部分，因为他们能更好地利用新的基础设施和通信网络的优势。

澳大利亚、韩国、日本、新加坡和美国等高收入 APEC 经济体领先于该地区其他地区，有能力利用新网络的优势。中国在港口能力方面占据主导地位，是一个值得注意的例外。然而，在物流质量、ICT 基础设施和应用新技术的准备方面，中国也被认为不如占主导地位的高收入地区经济体。尽管如此，中国仍有望缩小物流绩效和互联网宽带用户数量等重要领域的差距。

随着连通性的高涨，解决包容性发展面临的挑战需要区域和国家做

---

① 云就绪指数衡量经济体云在一系列参数方面上的就绪情况，该指数由亚洲云计算协会为多个亚太经济体编制。（2017 年）

出回应。前者的反应对于确保亚太地区各个次区域之间（例如东亚和东南亚之间，或东南亚本身之间）的差距大小至关重要。同时，鉴于大多数成员的某些部分比其他部分更有利于受益于 BRI，成员内部利益分配平衡的内部政策至关重要。这些解决地方经济平等问题的政策不仅对中国、马来西亚、印度尼西亚和菲律宾等非经合组织经济体具有重要意义，而且同样适用于澳大利亚、韩国、日本和美国等富裕经济体。

最终，亚太地区需要依靠有效的内部政策协调来确保像 BRI 这样的大型连通性项目不会加剧地区差异。对于像澳大利亚和日本这样的"老"区域来说，在这方面与中国等"新"领导者有效合作至关重要。

南太平洋地区参与"后茂物"时代APEC引领的亚太区域经济合作的机遇

刘晨阳

南开大学APEC研究中心

作为亚太地区规模和影响力最大、级别最高的区域合作机制，亚太经济合作组织（APEC）于1989年正式成立。1994年，在印度尼西亚小城茂物举行的第二次APEC领导人非正式会议达成重要共识，即APEC发达成员和发展中成员将分别于2010年、2020年实现贸易投资自由化，这也被称为"茂物目标"。在茂物目标引领下，APEC取得了诸多引人注目的成果。以2020年为节点，APEC合作进程将进入"后茂物"时代。在新的历史时期，APEC合作的目标和具体路径应如何规划，不仅是所有APEC成员面对的重大现实问题，也是备受国际社会瞩目的议题。

南太平洋地区既有澳大利亚、新西兰、巴布亚新几内亚等APEC成员，也有众多太平洋经合理事会（PECC）和太平洋岛国论坛的成员，在亚太区域经济合作进程中始终发挥着不同程度的重要作用。在"后茂物"时代，APEC合作的进一步深化和拓展将为南太平洋地区参与和融入亚太区域经济合作提供更多的机遇和平台。

一 "后茂物"时代亚太区域经济一体化合作的新规划及南太平洋的机遇

作为茂物目标的主旨，亚太地区的贸易投资自由化进程在2020年之后将继续推进。显然，APEC贸易投资自由化合作属于国际区域经济一体化的范畴。从经济学角度而言，国际区域经济一体化有着明确的定义，即两个或两个以上的经济体，为了深化劳动分工、优化资源配置和实现生产要素自由流动，通过达成经济合作的某种承诺，或者签订条约、协议，形成一个更大的经济联合体的过程和状态。按照各经济体之间一体化的紧密程度和经济政策协调程度的不同，可以由低到高将国际经济一体化分成以下六种形式，即特惠贸易协定、自由贸易区、关税同盟、共同市场、经济同盟，以及完全经济一体化。在2020年茂物目标到期的情况下，APEC应该为新时期的亚太区域经济一体化合作进程设立一个兼具引导性、可行性和较高雄心水平的清晰目标，和茂物目标形成紧密的承接关系。综合考虑区域经济一体化的发展路径和亚太地区各方面的现实条件，继续推进建立亚太自由贸易区（FTAAP）应成为"后茂物"时代亚太区域经济一体化合作的核心目标。

FTAAP的设想最初于2004年提出，至今已经历十余年的推进过程，其间遇到了各种各样的波折。APEC各成员出于各种主观和客观因素，目前仍未对FTAAP的相关事宜达成高度共识。尽管如此，将推进建立FTAAP作为亚太区域经济一体化范畴下承接茂物目标的新蓝图依然有着多方面的有利条件和重大意义。

首先，FTAAP有着比较好的社会基础。FTAAP的设想在提出后很快得到了产业界的积极响应和支持，APEC工商咨询理事会（ABAC）向APEC官方提出了采取相关行动推进FTAAP的建议，并且和太平洋经济合作理事会（PECC）设立了针对FTAAP的联合研究项目。此后多年中，APEC学术界和以ABAC为代表的工商界始终保持对FTAAP问题的高度关注，对建立FTAAP的必要性和可行性给予了明确的肯定。

其次，FTAAP得到了APEC领导人层面的持续推动。2006年在越南河内举行的APEC领导人非正式会议首次对FTAAP做出了正式回应，明确指出APEC应将FTAAP作为实现亚太地区贸易投资自由化的远景目标加以研究，从而使FTAAP问题首次被纳入APEC议程。此后，FTAAP问题逐渐成为APEC会议的热点议题，APEC领导人多次在会议宣言中肯定了FTAAP的重要意义，并强调FTAAP应是一个全面的自由贸易协定，可以建立在推进跨太平洋伙伴关系协定（TPP）、区域全面经济伙伴关系协定（RCEP）和太平洋联盟（PA）等现有域内自由贸易安排的基础之上。同时，领导人们还指示 APEC 高官会在推进 FTAAP 方面采取具体步骤，将其作为 APEC 深化区域经济一体化的主要途径。来自 APEC 领导人的指示无疑为 FTAAP 的可行性提供了最高层面的官方背书。

再次，2014 年北京 APEC 会议通过的《APEC 推动实现亚太自由贸易区路线图》在 FTAAP 未来发展的一系列重大问题上进一步凝聚了各成员的共识，具有里程碑意义。该路线图指出：FTAAPC 将建立在 APEC 框架之外，与 APEC 自身进程平行推进；在实现路径方面，FTAAP 将充分尊重并借鉴吸收亚太地区现有自由贸易安排所取得的经验和成果，优先考虑通过跨太平洋伙伴关系协定（TPP）、区域全面经济伙伴关系协定（RCEP）、太平洋联盟（PA）等本地区已建立和正在谈判中的自由贸易区的对接、融合或扩员等方式来推进，尽量降低实现成本；FTAAP 不仅仅致力于推进贸易自由化，它将是涵盖广泛领域的、高质量的自由贸易区；作为亚太自由贸易区的孵化器，APEC 将着手建立自由贸易区信息通报机制，并开展有效的经济技术合作，协助发展中成员加强能力建设，以最终实现一个真正让各方受益的 FTAAP。与此同时，APEC 领导人还决定从 2015 年开始启动为期两年的 FTAAP 联合战略研究。这是 FTAAP 的设想提出十年之后，首次由 APEC 官方正式开展的针对 FTAAP 的具体行动。2016 年 11 月，FTAAP 联合战略研究如期完成，并向 APEC 领导人会议提交了最终报告。尽管该报告仍未对建成 FTAAP 的路径和时间表等问题做出明确安排，但依然可以被视为 APEC 官方在实质性推进 FTAAP 方面迈出的第一步，为后续行动奠定了重要基础。

从前景来看，鉴于 FTAAP 最有可能通过对亚太地区正在谈判中的大型自由贸易区进行对接、融合或扩员等方式来实现，TPP、RECP 的进展将对 FTAAP 的标准、涵盖领域和建成时间等产生重要影响。TPP 于 2015 年 10 月正式结束谈判并达成协议，在进程上领先于 RCEP。但是，美国在 2017 年 1 月宣布退出 TPP，从而彻底改变了 TPP 的走势。即使不包括美国的 TPP 最终能够生效，TPP 现有的 11 个成员必然会针对美国的退出对原协定做出相应的调整，其最终的条款内容和标准依然充满未知数。从

RCEP 的谈判进程来看，其前景同样不明朗。截至 2017 年 5 月底，RECP 共进行了 18 轮谈判，各成员已就经济技术合作和中小企业两个章节的内容达成一致，但货物、服务和投资市场准入等关键章节的谈判仍未取得重大进展，按既定目标在年内完成一揽子谈判的可能性非常小。

在这种情况下，APEC 首先应强化顶层设计，本着求同存异的原则，推动各成员尽快在将 FTAAP 作为"后茂物"时代亚太区域经济一体化合作核心目标问题上达成一致，避免因 FTAAP 的实现路径之争而陷入舍本逐末的误区。同时，APEC 应在工作层面采取实施性的后续行动，力争在已完成的 FTAAP 联合战略研究基础上，尽快启动针对 FTAAP 的官方可行性研究，以保持 FTAAP 进程的良好势头。

需要指出的是，FTAAP 的最初设想是由新西兰学者提出的。此外，作为区域经济一体化和贸易投资自由化的坚定支持者，澳大利亚、新西兰同时参与了 TPP 和 RCEP 谈判，并与亚太地区多个成员签订了双边自由贸易协定。FTAAP 的建立对于澳大利亚、新西兰等南太平洋地区的 APEC 成员具有重要意义。根据预测，假设 FTAAP 得以在 2025 年建成，亚太地区的 GDP 总量将在 2013 年的基础上增长 4%～5%，世界的 GDP 总量将增长 2%。届时，FTAAP 将成为世界范围内最大的自由贸易区，从根本上解决亚太地区各种类型自由贸易安排大量衍生而引发的"意大利面碗"效应问题，为深化亚太区域经济一体化合作提供一个更加完整、高效的制度框架，从而使南太平洋地区更加深入地融入亚太经济。

二 "后茂物"时代 APEC 整体合作框架的新规划及南太平洋的机遇

自茂物目标设立以来，贸易投资自由化、贸易投资便利化和经济技术合作构成了支撑 APEC 整体合作框架的三大支柱。此后，APEC 的合作领域逐渐拓展，三大传统合作领域的支柱地位有所弱化。同时，由于 APEC 自身的非约束论坛性质，亚太地区的贸易投资自由化和便利化进程在达到一定水平后陷入瓶颈，继续依靠各成员以自主自愿方式推进的难度非常大。此外，经济技术合作也由于后期投入的不足，使得各成员的参与积极性显著下降。

在"后茂物"时代，在亚太区域经济一体化进程不断深化的趋势下，APEC的贸易投资自由化和便利化合作将在很大程度上由大型自由贸易协定承接。为此，APEC应根据形势的变化，对其现有的合作框架进行有机调整，从而在为自身注入新的活力的同时，在亚太区域经济合作进程中发挥更加突出的引领作用。APEC合作框架的调整也将有利于进一步挖掘与南太平洋成员之间的利益结合点，为地区内的广大民众创造更多的福利效应。

（一）促进可持续和包容性增长

区域经济合作不管以何种路径和方式开展，其根本目标都是促进本地区经济的增长和民众福利水平的提高。因此，"后茂物"时代的APEC合作应结合全球经济形势变化的现实背景和亚太经济发展的客观需求，将可持续和包容性增长作为长期推进的支柱领域。其中，可持续增长合作旨在引导各成员经济增长方式的转型升级和彼此间的宏观经济政策协调，涉及的具体合作议题包括环境保护、应对气候变化、能源安全、绿色和低碳增长、蓝色经济、能力建设等。包容性增长则有着以下两方面的内涵：一是基于亚太地区各成员的显著多样性，在互利共赢基础上采取各种方式促进APEC各成员的优势互补和共同发展；二是加强各成员自身经济的包容性发展，使不同性别、不同区域和不同群体的民众都能够从APEC合作中平等获益。该领域可涉及的具体合作议题包括支持中小微企业发展、增强企业社会责任、加强人力资源开发、完善劳动力市场、为妇女、老人创造平等就业机会、加强社会保障、扶助弱势群体，以及支持偏远地区发展等。

南太平洋地区有众多岛国，对应对气候变化、蓝色经济、能源安全等领域的合作有着强烈的内在需求。此外，南太平洋地区各经济体具有比较显著的多样性，各地区和各国之间的经济发展水平差异较大。因此，支持中小微企业发展、加强人力资源开发、支持偏远地区发展等议题对南太平洋各经济体也有很大的吸引力。

（二）全方位互联互通合作

在经济全球化和区域经济一体化持续深入发展的背景下，亚太各成员之间的贸易与投资往来越来越密切，亚太地区的生产、销售网络形成了相互交织、高度依存的格局。同时，全球金融危机的爆发也暴露出各成员经济结构的深层次问题。如何在"后茂物"时代寻找到新的合作突破口，继续扩大区域合作范围，提升合作层次，缩小发展差距，已经成为各成员共同的利益诉求。涵盖硬件基础设施建设、机制衔接与融合，以及人员与社会交往的全方位互联互通合作无疑是一条有效的路径。2014年APEC北京会议通过的《APEC互联互通蓝图》充分体现了各成员所达成的共识，也预示着该领域的合作有着非常广阔的发展前景。

南太平洋地区的地域广阔，很多成员在地理上相距较远，在改善港口等硬件基础设施、促进人员的跨境流动，以及加强贸易投资活动的便利化方面具有广阔的合作空间，可以很好地对接APEC框架下的全方位互联互通合作，以及由中国倡导的21世纪海上丝绸之路合作。在硬件互联互通合作方面，合作重点是加强交通、能源、电信等领域的基础设施建设，并通过推进公私伙伴关系等措施，促进基础设施建设融资渠道的多元化。在机制互联互通合作方面，重点领域应包括贸易投资便利化、供应链连接、标准一致化和规制融合等。从人员交往互联互通层面来看，应重点推进商务人员和专业技术人员跨境流动的便利化、跨境教育合作、旅游业和医疗服务业合作等。

（三）非传统安全合作

在APEC的发展进程中，金融危机、恐怖主义、流行性传染病、地震、海啸、飓风等一系列非传统安全问题时有发生，不仅给亚太地区的民众带来巨大的冲击和生命财产损失，也给APEC成员之间的贸易投资活动带来了威胁。在这种情况下，APEC框架下的非传统安全合作也经历了从无到有、涉及领域由少到多的渐进过程。由此可见，APEC框架下的安全议题合作是在亚太地区不断遭受各种非传统安全威胁的冲击过程中，成员之间经过观念交锋与融合而形成的合作。该领域的合作超越了传统意义上的地区政治安全的范畴，具有低敏感度的特征，并未对APEC非约束性经济合作论坛组织的属性造成冲击。

因此，在"后茂物"时代，在亚太地区广泛开展非传统安全合作的必要性依然会延续，这对亚太区域经济一体化的深入发展具有重要的意义。同时，非传统安全合作普遍具有跨地区和跨边界特征，南太平洋地区各成员也可以积极参与其中。就具体领域而言，粮食安全、防灾减灾、卫生防疫、金融安全、反腐败等应成为亚太地区推进非传统安全合作的重点。

（四）创新与改革

当前，亚太地区各成员已普遍认识到，促进创新与改革将为亚太地区经济注入新的活力和驱动力，并且有助于发掘成员之间的利益结合点，强化成员之间的向心力，从而进一步拓展亚太区域经济合作的广度和深度。因此，在"后茂物"时代，APEC应推动各成员在该领域形成更加广泛的共识，明确长期合作目标，并尽快制定完整的、具有可操作性的合作框架。亚太地区各成员应创新发展思路和手段，不断提高创新能力，用创新培育新兴产业，发掘增长动力，提升核心竞争力，这对南太平洋地区各经济体同样具有重要意义。就具体领域而言，互联网和数字经济、物联网经济、结构与规制改革、城镇化等可以成为亚太地区推动创新与改革合作的重点。

（五）全球经济治理

在当代的全球治理体系中，经济问题的重要性和复杂性随着全球化和区域经济一体化进程的并行发展而日益提升，从而使全球经济治理体系的合理性与运行效率受到国际社会的高度关注。近年来，亚太地区在全球经济增长中发挥着引擎作用，对于全球经济治理体系的发展与完善也肩负着不可推卸的责任和义务。因此，在"后茂物"时代，APEC应全力维护和发展开放型世界经济，为全球经济治理贡献更多的公共产品。此外，APEC还应进一步全面加强与欧盟、二十国集团、国际货币基金组织、世界银行、亚洲基础设施投资银行等组织和多边金融机构的协调与合作，努力推动在全球范围内形成增长联动、利益融合的开放发展格局。毫无疑问，全球经济治理体系的完善能够使南太平洋地区的APEC成员和非APEC成员都获益，这些成员也将为此而付出自己的努力。

印太亚洲发展中的战略互信：机遇与挑战

范杜西（Pham Duy Thuc） [*]
越南外交学院

全球重心继续向印度—亚太地区转移。它的人口已经占世界人口的一半以上。该地区是世界上增长最快的经济体的所在地，占全球GDP的50%以上，预计到2050年将占全球GDP的70%。[①]

随着地缘经济的兴起，上升大国、已有大国、中小国家和地区机构之间的互动正在改变地区的地缘政治，但持续的紧张和摩擦带来了冲突的潜在风险。在这种多样化的背景下，该区域各国为加强区域合作，实现互利和可持续发展做出了相当大的努力。值得注意的是，中国引入了"一带一路"倡议，重点是加强与沿线国家的经济和基础设施联系，同时美国推动"自由开放的印度太平洋"愿景（现在的战略），其核心的"四大支柱"包括澳大利亚、日本和印度。这两个想法都是伟大的、不断发展的，并且共享一个类似的既定目标，即在印度—亚太地区塑造一个对所有人都有益的未来。无论在何处发展这些愿景，有关国家的合作都是必要的。

为此，本文试图探索该地区各国之间合作的适当方式。它表明各国应该集中精力为彼此发展战略信任，因为它是国际合作的核心要素。本文分为四个部分。第一部分将从理论上考察战略信任在国际关系中的重

---

[*] 文章中的观点是作者的观点，并不一定代表作者所附机构的观点。
[①] Nhan Dan（2017），"Asia-Pacific Expected to Contribute 70% of Global GDP by 2050," May 15.

要性。第二部分和第三部分将分别评估该地区各国在战略信任建设过程中面临的机遇和挑战。最后一部分将提出一些建议，发展战略性，以促进印度—亚太地区和平、稳定和繁荣的国际合作。

一 合作的核心

国际关系的研究表明，战略信任是各国合作的必要条件。当某国信任其他国家时，他们更愿意"回应合作"而不是利用它。[①] 他们相信其他人会采取有利于或至少不会对他们有害的行动。[②]

从战略上讲，当国家获得一些可靠信息，让他们认为其他国家有兴趣回报合作、共建和维持一段"长期双赢"的关系，并且愿意坚守双边承诺的时候，他们更容易相信对方。[③] 更重要的是，当国家合作的时候，他们可能会决定让别国把握他们的利益所在，所以他们认为自己的利益将会持续下去。[④]

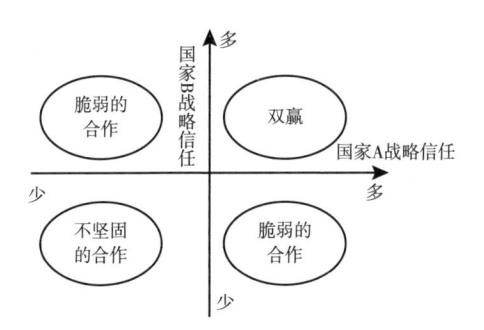

图 1 信任和合作之间的关系

---

① Andrew Kydd (2005), *Trust and Mistrust in International Relations*, New Jersey: Princeton University Press, p. 7.

② Diego Gambetta (1988), *Trust: Making and Breaking Cooperation Relations*, Oxford: Basil Blackwell, p. 217.

③ Brian C. Rathbum (2011), "Before Hegemony: Generalized Trust and the Creation and Design of International Security Organizations," *International Organization*, No. 65, p. 246.

④ Aaron M. Hoffman (2002), "A Conceptualization of Trust in International Relations," *European Journal of International Relations*, Vol. 8 (3), pp. 376 – 377.

图 1 进一步说明了信任与合作之间的关系。当两个国家（A 和 B）对彼此具有更大的战略信任时，他们更愿意合作，因此他们都受益。如果一个国家拥有更大的战略信任但另一个国家没有，只有（A 或 B）其中一个愿意合作，那么合作将是脆弱的，因为它是片面的。最不妙的情况是，A 和 B 两者之间的战略信任较少，合作仍然存在，但是效率低且无实质性，所有合作呼吁都只是象征性的，A 和 B 之间的关系是紧张的（甚至存在争议和冲突）。

国际关系的研究也表明，没有哪个国家对其他国家拥有绝对的（100%）战略信任。[①] 各国通常认为特定国家的修辞（言语）和现实（行为）之间的一致性是判断该国战略信任的基础。例如，当国家 A 表明其行为与其言语一致时，国家 B 将信任 A，反之亦然。

二 机遇

实际上，战略信任是构成各国合作共赢的重要因素。印度—亚太地区各国有很多机会相互发展战略信任。

在外交上，战略信任引起了该地区几个国家的最高领导人的注意，成为一种相当时髦的外交委婉语。当时的中国国家副主席习近平在 2012 年 2 月访问美国期间在美中贸易全国委员会发表讲话说："战略信任是互利合作的基础，更大的信任将带来更广泛的合作。"[②] 此前，2011 年 7 月，《纽约时报》专栏作家、当时的美国参谋长联席会议主席迈克·马伦上将说，"有时直率和诚实正是制造战略信任所需要的"。[③]

类似的，当时的越南总理阮晋勇在 2013 年 5 月新加坡第 12 届香格

[①] Aaron M. Hoffman（2002），"A Conceptualization of Trust in International Relations," *European Journal of International Relations*, Vol. 8 (3), p. 377.

[②] "Chinese Vice President Meets With US Business Leaders," *VOA News*, February 14, 2012, https：//www.voanews.com/a/us-china-must-respect-each-others-interests-chinese-vp-139378933/152105.html（accessed April 28, 2018）

[③] Mike Mullen (2011), "A Step Toward Trust With China," *The New York Times*.

里拉对话的主题演讲中重申了印度—亚太地区各国战略信任的重要性，他动人地说，"信任是所有友谊与合作的开始，这种补救措施可以防止可能导致冲突的所有算计"[1]。

在政治上，对好邻居、好朋友、好伙伴和同志的渴望是发展战略信任的基础。事实上，该地区所有国家都希望彼此保持良好关系。此外，他们希望通过合作的方式将外交和政治关系带到更高的层面。例如，最近将越南和澳大利亚之间的全面伙伴关系提升成战略关系就支持了这一论点。这次升级清楚地表明了两国领导人和两国人民之间日益增长的战略信任。因此，越南与澳大利亚的合作必将开花结果。[2]

在经济上，对区域经济一体化的承诺是战略信任的具体支柱。区域经济一体化至关重要，因为该地区的所有经济体都需要良好的基础设施、连通性、开放市场、自由贸易和投资，以及大多数国际商业所依赖的畅通的海上通信线（SLOC）等。以某种方式，由中国倡议的"一带一路"、澳大利亚和其他国家积极推动的全面与进步跨太平洋伙伴关系（CPTPP）、美国推动的自由开放的印度—太平洋地区以及东盟领导的多边机制，所有这些都旨在实现一个开放的、以规则为基础的多边参与制度，使各方能够追求自己的发展事业，并为整个地区的增长和繁荣做出贡献。

在安全方面，对区域机制和对话的热情是促进战略信任的良好动力。以东盟与中国在南海问题上的互动为例，双方在处理紧张局势方面取得了令人鼓舞的进展。他们在南海采取了《海上意外相遇规则》（The Code for Unplanned Encounters at Sea，简称 CUES），通过并成功测试了外交部对海上突发事件的热线电话。双方尤其是采用了 COC（也就是《南海各方行为宣言》）框架（2017年8月），并就 COC 内容的第一轮谈判（2018年3月）做出了回应。尽管闭门会议的细节还没有透露，但谈判

---

[1] Nguyen Tan Dung (2013), "Building Strategic Trust for Peace, Cooperation and Prosperity in the Asia-Pacific Region," Keynote Address at the 12th Shangri-La Dialogue, International Institute for Strategic Studies, Singapore.

[2] Huong Le Thu (2018), "Ripe for Cooperation: The Australia-Vietnam Strategic Partnership," *The Strategist*, March 13.

的快速启动无疑为结束长期拖延的有效和合法的 COC 找到了积极的动力。① 实际上，东盟国家与中国的战略信任正将逐步恢复。

此外，合作应对非传统威胁的必要性有助于增强战略信任。除了长期讨论的问题（如恐怖主义、跨国有组织犯罪、网络安全、自然灾害、气候变化和公共卫生流行病等），水源不安全现在是印度—亚太地区日益增加的一种非传统风险。根据亚洲开发银行 2016 年的《亚洲水务发展展望》报告，该地区目前约有 17 亿人无法获得基本卫生设施，到 2050 年，34 亿人可能生活在缺水地区。② 其中，湄公河是水资源不安全的热点地区之一，因为沿河上游越来越多的筑坝造成了下游三角洲的干旱。它对渔业部门、沉积物流动和环境造成严重的负面影响。③ 作为回应，日本、美国、印度、韩国和中国等地区内大国已经伸出援手，帮助沿岸国家解决问题，并加强可持续发展。④ 他们的合作极大地有助于加强与该地区各国的战略信任。

---

① Wu Shicun, President of the National Institute for South China Sea Studies based in Hainan, China spoke at a session on economic cooperation in the South China Sea of Boao Forum on Asia (April 11, 2018) opining that the COC "should have some legally binding force". See: "South China Sea Code 'Should Be Binding', Say Chinese Scholar," *Straits Times*, April 11, 2018, https://www.straitstimes.com/asia/east-asia/south-china-sea-code-should-be-binding-says-chinese-scholar (accessed April 28, 2018).

② Asian Development Bank, "Asian Water Development Outlook 2016: Strengthening Water Insecurity in Asia and the Pacific," https://www.adb.org/sites/default/files/publication/189411/awdo-2016.pdf (accessed April 28, 2018).

③ The Cambodian Prime Minister, Samdech Techo Hun Sen said the management of the Mekong River is a "matter of life and death". See: Chheang Vannarith (2012), "A Cambodian Perspective on Mekong River Water Security," *Stimson Center*, April 4, https://www.stimson.org/content/cambodian-perspective-mekong-river-water-security (accessed April 28, 2018).

④ Among those countries, Japan has been the leading development partner for nations alongside the Mekong River. See: "Japan's Help Improving Regional Connectivity Hailed at Mekong Forum," *Japan Times*, March 24, 2018, https://www.japantimes.co.jp/news/2018/03/24/national/japans-help-improving-regional-connectivity-hailed-mekong-forum/#.WuUfz4hubIU (accessed April 29, 2018); *Nhan Dan*, "Mekong, A River of Cooperation and Development," March 29, 2018.

三 挑战

虽然已经有足够的努力，但是战略信任仍然比较脆弱，有如下几个原因：

首先，大国之间的强烈的竞争阻碍地区战略信任。因为世界现在高度相互依存，所以大国很可能不会直接战争，尤其是在经济和贸易合作方面。然而，他们通过加强军事力量和展示武力的方式在继续相互竞争。① 大国之间正在发生的针锋相对的冲突会引起不安，并削弱地区内的信任，因为其他国家担心这可能导致大国参与军事化的不良局面，而且如果较小的国家被卷入巨人之间的冲突，他们肯定会受伤害。

其次，各国怀疑其他国家可能以合作的名义推行隐藏议程。在不那么强大的国家眼中，更强大的国家有能力利用合作作为侵犯其领土完整、干涉其内政或改变其政治制度的工具。他们还能够设法将自己的意志强加给较弱的国家，并迫使他们接受双边关系中的不利条件，或者影响第三方国家，给目标国家或一系列国家造成麻烦。

最后，由于痛苦的历史教训，各国对彼此存在偏见。尽管像第二次世界大战这样的全球战争已经过去多年，但印度—亚太地区的国家内仍然存在被入侵和干涉的记忆，且朝鲜核扩散威胁、东海和南海主权争端以及台海两岸紧张局势等传统安全挑战依然存在。此外，该地区的文化、民族多样性以及政治演变和经济发展的不同阶段更是火上浇油。

四 建议

为了抓住上述机会，战胜挑战，地区的国家需要紧密合作，去建设

---

① 在美国国家舰队在南海美济礁执行所谓的"航行自由"行动之后，中国人民解放军在相关海域进行了大规模的海军战斗演习，包括至少 40 艘在海南岛附近的辽宁号航空母舰侧翼的船只和潜艇，以及前所未有的海军游行队伍。中国国家主席习近平和至少 1 万名人员、辽宁号航母、48 艘海军舰艇和 76 架战斗机（2017 年 4 月 11 日至 18 日）参加。作为回应，美国派遣了西奥多·罗斯福号航空母舰及 F-18 战斗机在相关海域进行军事演习，有消息报道美国海军喷气式飞机被中国战机驱逐，随后用 B52 轰炸机在中国南海附近飞行（2017 年 4 月 27 日）。

更好的战略信任。这里提出几点粗略建议：

通常，战略信任需要经常培养。虽然有许多国家不遗余力地想引起公众对战略信任的关注，但是这个概念可能会被遗忘。印度—亚太地区的国家可能会把战略信任视为几个特定国家的私人议程，或者只是在需要缓解紧张局势和摩擦的时候才用上。他们可能不知道战略信任是国际关系的基本原则，是各国发展合作关系的必要条件。

往细节说，战略信任的核心内容是要国家言行一致。这里的关键机制是各国必须通过言语提供准确可靠的信息，并付诸实际行动，以增加未来行为的可预测性，从而赢得战略信任。各国应充分有效地执行与其他国家签署的双边和多边承诺。他们应该在开展活动时自我约束，避免采取可能进一步侵蚀该地区战略信任的行动。

大国应该发展稳定的关系。他们应该专注在提高竞争力，而不是争夺权力上面，因为竞争力可以增强能力；相反的，争夺权力可能会导致没有赢家的安全困境。

除了在伙伴间呼吁战略信任，大国还应该更多注意和小国之间发展战略信任，这也是他们的责任所在。[1] 原因很简单，因为没那么有权力的国家在国际关系的变化面前更脆弱，他们比大国更注重自身的生存。[2]

反过来，较小的国家必须不断巩固彼此的战略信任，共同努力建立一个逐步强大、团结、有效的社区；鼓励团队合作并发出一个明确的信号，即他们希望与所有更大的国家建立有效的联系，而不是互相对抗。

在维护国家利益的同时，每个国家都应该尊重他人的利益。当每个印度—亚太国家都接受2011年11月在印度尼西亚巴厘举行的第六届东亚峰会（EAS）采用的互利合作原则时，就可以做到这一点。这些原则包括：加强对独立、主权、平等、领土完整和民族认同的相互尊重；尊重国际法；增进相互了解、相互信任和友谊；促进睦邻友好、伙伴关系和社区建设；促进和维护和平、稳定、安全和繁荣；不干涉他国内政；

---

[1] Andrew Kydd (2005), *Trust and Mistrust in International Relations*, p. 5.

[2] Miriam Fendius Elman (1995), "The Foreign Policies of Small States: Challenging Neorealism in its Own Backyard," *British Journal of Political Science*, 25 (2), p. 171–172.

根据《联合国宪章》,放弃对另一国使用武力或使用武力的威胁;承认和尊重种族、宗教、文化传统和价值观的多样性,以及观点和立场的多样性,包括促进温和的声音;加强区域复原力,包括面对经济冲击和自然灾害的能力;尊重基本的自由,促进和保护人权以及促进社会正义;以和平方式解决分歧和争端;加强东亚峰会和其他地区论坛的互利合作。①

其中,应强调对国际法的尊重。战略信任必须建立在严格遵守国际法原则的基础上,特别是《联合国宪章》及其相关法律文件。每个国家都应始终作为国际社会中负责任的利益相关者,积极参与建立和维护稳定的、基于规则的区域秩序,因为它使各国能够以可预测的方式相互交流,按照商定的守则开展活动,随着时间的推移而发展的规则和规范,以和平方式解决争端,促进自由和开放的贸易以及不受阻碍地进入全球公域。②

五 结论

战略信任是合作的核心要素。所有国家必须按照共同准则,用真诚的态度和具体、一致的行动,去珍惜和培养战略信任。一旦有足够的战略信任,地区就可以促进双赢合作,找到解决任何问题的最佳方案,即使是最敏感和最困难的问题。

---

① ASEAN (2011), *Declaration of the East Asia Summit on the Principles for Mutual Beneficial Relations*, Bali, Indonesia, November 19, http://www.asean.org/storage/images/2013/external_ relations/Declaration_ of_ the_ 6th_ EAS_ on_ the_ Principles_ for_ Mutually_ Beneficial_ Relations_ Clean.pdf (accessed April 29, 2018).

② Australian Department of Defence, *2016 Defence White Paper*, p. 44–46, http://www.defence.gov.au/WhitePaper/Docs/2016 – Defence – White – Paper.pdf (accessed April 28, 2018).

中美亚太安全合作中的"第三方因素"分析
——基于日本亚太安全事务的参与

李永强

中国社会科学院国家全球战略智库特约研究员

中国社会科学院亚太与全球战略研究院助理研究员

经历过特朗普执政最初"百日"的颠簸后,中美关系的发展呈现出更为积极的态势。至少中美新型大国关系持续构建的导向仍然在中美关系演变态势中,发挥着相当关键的作用。继而在推进中美关系持续发展的进程中,需要有效落实、充实中美两国在安全领域尚处于初创阶段的安全合作。亚太地区,中美关系长期互动、中美新型大国关系构建不可或缺的战略空间,中美亚太安全合作构成这一战略空间运作的关键内容所在。

随着亚太安全合作中的中美积极互动成为当前与未来推进中美关系积极发展的关键性议题之一,中美亚太安全合作的整体研究中,作为"第三方因素"的日本所发挥的作用,构成研究中美亚太安全合作的较为少见却不能忽视的视角之一。结合特朗普执政以来的中美关系演变,日本作为中美关系互动的中的"第三方因素",日本所发挥的作用因第二届安倍政府的国家安全战略转型得以逐步显现。

一 作为"第三方因素"的日本对于中美亚太安全合作的介入

自第二届安倍政府开启执政进程以来,日本国家安全战略的一系列调整等相关战略性措施,在不同程度上推进着日本对亚太地区安全事务的参与。据此,在安倍政府2013年提出的《国家安全战略》中对亚太地区日本所面临的挑战做出明确阐释：在亚太地区安全环境与挑战方面：第一，亚太地区战略环境的特点，涉及地区安全合作框架并未确定、亚太地区存在灰色地带（既不和平也不存在争端的区域）；第二，朝鲜的军备建设与挑衅行为；第三，中国的迅速崛起与在敏感区域的有意活动。[①] 从安倍政府的《国家安全战略》的这一表述分析，日本亚太地区存在"灰色地带"的定位，构成日本参与亚太安全事务的基调。"灰色地带"的人为设定，构成日本对于亚太地区安全事务参与的基本前提。因"灰色地带"的存在，在安倍政府看来，日本需要采取相应的措施以维护与巩固其国家安全，进而构成日本国家安全战略引导下，安倍政府积极调整日本国防与外交的认知出发点，包括2014年的中期防卫大纲等。在安倍政府看来，来自朝鲜的挑衅与来自中国军事活动的提升，是存在灰色地带的亚太地区安全博弈中对于日本的显著威胁，因而需要加以有效应对。

以此为基础，鉴于日本对于亚太安全状况的相关战略判断以及日美同盟在日本外交、国家安全战略中所具有的基石作用，日本对亚太地区安全事务的参与、对于亚太地区安全合作的参与，仍然更多地依循于美国的战略布局，但同时也兼顾日本自身的战略考量。继而，一个显著却不能忽视的现实在于：遏制中国，是安倍政府对华战略的基本出发点，而从这一出发点考虑，中美亚太安全合作的推进，在有助于提升中国有效参与地区安全事务的同时，也构成对于日本国家安全战略在亚太地区的某种挑战，因而，安倍政府未必乐见于中美亚太安全合作的顺利开展。

结合特朗普执政以来，作为"第三方因素"的日本，对于中美亚太安全合作的参与，更多地表现为借助美国在亚太地区的强势尤其是借助朝鲜半岛安全态势的紧张进程，彰显安倍政府对于日本国家战略的积极推进、对于大国地位的积极争取等。以"第三方因素"的视角阐释日本对于中美亚太安全合作的参与，作为"第三方因素"的日本，其对于中美亚太安全合作的参与主要涉及两种路径：第一种路径为，借助亚太地

---

① 国家安全保障戦略について，国家安全保障会議決定、閣議決定，平成25年12月17日，第10~11页。

亚太地区发展与合作

区安全事务的参与，借助积极配合美国在亚太地区的战略部署，强化日本在亚太地区的战略态势。依托这一参与，日本积极配合美国在亚太地区的战略行动，能够有效发挥安倍政府的国家安全战略效能。第二种路径为，日本通过刺激与扰乱亚太地区现有的安全态势，借以通过日美同盟"牵连"美国，促使美国在战略上不得不"屈从"日本所刻意而为的战略布局。其中，相当显著的现实在于，在激化中日海洋权益争端中借助《日美安保条约》，强化日本的战略态势而试图实现对中国的遏制。

结合安倍政府在亚太地区安全事务的相关布局与行动来阐释：一方面，日本积极配合美国在亚太地区的战略布局，助力美国在亚太地区的霸权。诚然，美国对于日本自二战结束以来的有效控制，也构成日本服从美国战略安排的重要原因。相对显性的是，日美同盟的存在与持续，已然构成对于亚太安全相关进程中的重要变量之一。另一方面，相对隐性的是，一旦安倍政府在亚太安全事务中采取更为危险的举措，很可能造成中美亚太安全合作新的波折与困境。

其中，尤为现实的是，安倍政府刻意强调来自朝鲜的威胁。安倍对于朝鲜2017年2月进行导弹发射的表态为："这次朝鲜发射导弹，我们坚决不予容许，朝鲜应彻底遵守联合国决议。此前，在与特朗普总统的首脑会谈中，美国已明确表示会始终百分之百与日本同在。我与特朗普总统就进一步加强日美同盟关系，并更加密切合作的意见完全一致。"[1] 这一表态说明：所谓来自朝鲜的威胁，为安倍政府强化与美国的同盟关系，并有效遏制朝鲜提供了借口。进而，所谓来自朝鲜的威胁，客观上推进安倍政府进一步强化日本军事力量、外交政策的相关举措，以强化安倍政府对于大国地位的争取。对比上述分析，这不仅可以解读为安倍政府对于美国亚太战略的支持，也可以解读为一旦安倍政府采取更为强硬的立场应对朝鲜危机或者突然缓和对朝关系而对于美国亚太战略形成相应的推力或制约。

从而以作为"第三方因素"的日本对中美亚太安全合作的影响来阐

---

[1] 平成29年2月11日【安倍総理発言】，日本首相官邸网站，http://www.kantei.go.jp/jp/97_abe/statement/2017/0211usa.html。

· 64 ·

释：安倍政府既可以通过相应的战略部署，强化日本的战略布局而服从美国的相关战略安排，从而为美国在中美亚太安全合作中提供相应的支持、助力。安倍政府也可以通过相应的战略举措，刻意制造危机、强化危机，进而实现对中美亚太安全合作的某种损害。

二 作为"第三方因素"的日本所发挥的影响

整体上，作为"第三方因素"的日本在中美亚太安全合作中所发挥的影响，更多地展现为：安倍政府通过其国家安全战略的主动运作，以影响中美亚太安全合作的相关进程与趋势，不使中美亚太安全合作损害安倍政府所认为的日本国家利益。对此，需要明确的现实是，中美亚太安全合作的有效推进，客观上有利于日本更为积极地参与亚太地区的国际关系互动。但正是因为遏制中国的战略思维作祟，安倍政府国家安全战略运行影响了作为"第三方因素"的日本对于中美亚太安全合作的参与。

除了安倍政府所采取的战略举措外，还需要考虑到美国特朗普政府在执政开启半年后的亚太战略仍然处于相对"模糊状态"，进而造成在中美亚太安全合作的推进中，特朗普政府的亚太战略不确定性与安倍政府的国家安全战略推进，构成作为"第三方因素"的日本参与中美亚太安全合作的复杂背景。从这一背景出发，作为中美亚太安全合作的"第三方因素"，日本所发挥的作用更多地符合"第三方因素"所具有的"可控性"与"不可控性"兼具的特征——当安倍政府的国家安全战略出现积极调整时，尤其是更正灰色地带、抛弃"中国威胁论"的色彩后，作为"第三方因素"的日本所具有的"可控性"随之得以凸显。当安倍政府执迷于"遏制中国"的战略误判中，加之复杂的国际形势变化，也将造成作为"第三方因素"的日本所具有的"不可控性"得以凸显。从安倍政府推进日本国家安全战略的部署、现实与趋势阐释，当前"不可控性"所具有的影响占据主流位置。

具体而言，作为"第三方因素"的日本对于中美亚太安全合作的影响在于：

第一，依循日本国家安全战略的积极推进，构成影响中美亚太安全合作的重要变量之一，进而凸显日本的战略优势。从日本在亚太地区国际事务中所发挥的现实性作用分析，同时鉴于日本自身的综合国力、日美同盟发展的格局与现状等因素以及日本对于亚太安全所具有的实质性影响，可以明确日本对于中美亚太安全合作的影响是客观存在的。基于作为"第三方因素"的日本，在中美亚太安全合作中所具有的影响，安倍政府能够借助这一影响的发挥，在相应的时间与空间范围内构成对中美亚太安全合作的相关制约。

第二，通过影响或塑造亚太地区安全事务，构成影响中美亚太安全合作的现实基础。通观亚太地区安全事务的整体演变进程，无论是对东海、南海等海洋事务的介入，还是对朝鲜半岛安全局势的介入，或者是推进以美国为主导的军事同盟体系构建，多可以发挥日本在其中的作用。比如，安倍政府对于南海事务的介入，不仅造成南海地区局势紧张程度的提升，而且在相当程度上阻碍了南海地区现有争端的解决。无论是"航行自由"还是"反对单方面改变现状"，多以沦为日本干涉南海事务并通过向越南等国家提供军事援助而实现针对南海事务的干涉并遏制中国。介入南海的案例进一步表明，一方面当日本支持美国在南海的军事行动时，相当于给予中美安全合作推进中美国方面以重要的筹码而向中国施加压力；另一方面，当日本背弃美国而在南海单方面行动时，鉴于日美同盟而迫使中美亚太安全合作的推进陷入困境。

第三，借助美国在亚太地区的优势强化，构成影响中美亚太安全合作的发展动力。作为"第三方因素"的日本，其对于中美亚太安全合作的影响，相对主流的趋势在于强化美国的优势——这一优势强化的效果往往并不利于中美亚太安全合作的顺利推进。究其原因，在于安倍政府的国家安全战略在实施的进程中，更多地将亚太地区作为灰色地带而加以"遏制中国"的基本设想。结合未来的发展趋势分析，随着安倍政府对中美亚太安全合作的种种介入，作为"第三方因素"的日本所发挥的负面影响所具有的主导型地位也随之得以凸显与深化。

总体上看，作为"第三方因素"的日本在中美亚太安全合作中所发挥的影响更多地倾向于负面，尤其是对于中美亚太安全合作顺利实施的种种制约。对此，从积极推进与有效保障中美亚太安全合作的立场出发，应考虑对于作为中美亚太安全合作的"第三方因素"的日本及其所发挥的作用，加以必要的应对。

三 基于日本参与中美亚太安全合作的应对考虑

针对作为"第三方因素"的日本参与下的中美亚太安全合作进程，有效应对日本的参与或者说防止日本在中美亚太安全合作中发挥更具负面的作用，需要考虑相应的应对之策；这对于有效推进包括中美亚太安全合作在内的整个亚太地区的安全合作具有积极意义。这一应对的关键在于：有效促使安倍政府明确，具有"遏制"中国目的的国家安全战略的实施，不仅不利于日本实现对亚太安全事务的有效参与，而且作为"第三方因素"的日本在中美亚太安全合作中负面影响的发挥也不利于中日关系的顺利发展、不利于亚太地区安全合作的整体发展，更不利于日本的国家利益。

结合日本参与中美亚太安全合作的基本态势与发展趋势进行以下阐释：

第一，应考虑向国际社会明确，在中美亚太安全合作中，现有国家安全战略驱动下的日本安倍政府参与亚太地区安全事务，更多地可能将日本对于中美亚太安全合作、对于亚太安全合作所发挥的作用塑造为更为负面的形象。因而，需要考虑从应对日本国家安全战略所涉及的亚太地区相关认知出发，需要针对日本在亚太安全事务中所具有的角色与行动加以必要的关注与评估。

以上述关注与评估为基础，推动国际社会尤其是更多的亚太国家明确：当前安倍政府的国家安全战略指导下的日本对亚太安全事务参与，尤其是对中美亚太安全合作的参与与影响，并不利于亚太地区安全合作在整体层面的顺利开展。同时更为需要重视的是，鉴于作为"第三方因素"的日本对中美亚太安全合作的参与，往往造成中美亚太安全合作陷入某种被动甚或风险。

第二，对于日本在亚太地区安全博弈的进程中所造成的激化地区安全矛盾等行为，需要加以必要的管理与控制。比如，安倍政府可能借以激化中日东海争端（包括钓鱼岛争端、东海划界争端等），造成在中美亚太安全合作得以推进的同时，中日关系陷入紧张局面，进而制约中美亚太安全合作。因而，相应的管理与控制，不仅需要考虑在军事与外交层面的积极准备，而且需要更为有效的战略动员。

这一战略动员不仅在于中国自身的积极准备，而且还需要包括中美亚太安全合作在内的，更多的中国与其他亚太地区国家，包括澳大利亚、新西兰、泰国等国家之间，开展有效的区域安全合作协调，推进亚太地区安全合作的整体实施。进而能够从国际战略的积极互动中，争取相应的有利地位与态势。

第三，从亚太安全合作的整体布局阐释，需要考虑推动更具有普遍意义的区域安全合作的同时，争取更为积极的大国博弈进程，尤其是对于中美新型大国关系积极构建的努力。进而，为有效推进与逐步强化中美亚太安全合作提供必要的助力与支持。随着相应的助力与支持的实现，能够为从中美亚太安全合作自身的顺利发展出发，有效遏制作为"第三方因素"的日本发挥相应的负面效应。

结合中美关系在特朗普执政的2017年夏秋所呈现的相对积极的改善态势，尤其是中美两军之间合作的有效推进。基于中美新型大国关系推进背景下的中美亚太安全合作，中美两国军事互信得以推进，客观上有助于应对安倍政府所带来的一系列困扰。但是这一应对的实现进程，仍然充斥着相应的不确定性因素与种种偶然性。

四 结论

以作为"第三方因素"的日本和第二届安倍政府的国家治理理念阐释，安倍政府的亚太安全战略意在相应的时间与空间范围内，构成对中美亚太安全合作的有效牵制、制约甚或颠覆。考虑到中美亚太安全合作中所具有的重要意义以及中美关系所具有的重要性，推进中美亚太合作，对于整个亚太地区安全合作相当重要。因而，应对作为"第三方因素"的日本，需要在推进亚太安全合作中加以重视，不使日本成为推进亚太地区安全合作的障碍性因素，起负面作用。

专题报告二：
中国与大洋洲关系面临的新挑战与新机遇

从联合国投票看太平洋岛国的外交政策偏向

梁甲瑞

聊城大学太平洋岛国研究中心
聊城大学历史文化与旅游学院讲师

对于太平洋岛国投票权这一领域,国内外学术界鲜有系统的研究,有学者零星地涉及岛国的投票权,譬如,奥利弗·哈森坎普(Oliver Hasenkamp)在研究太平洋岛国与国际组织的路径及战略时涉及投票权,在他看来,太平洋岛国在与自身不相关的问题上,其投票态度比较冷漠,这对于与太平洋岛国志趣相投国家的影响力来说,是一个障碍。[1] 本文拟探究太平洋岛国与联合国的互动,并从岛国在联合国的投票特点来透视岛国的外交政策偏向。

一 太平洋岛国与国际组织的互动:联合国成员国身份的建构

太平洋岛国在国际组织和全球外交的研究中被普遍忽略了。它们是国际舞台上不可忽视的"投票集团",在联合国有12个国家具有投票权,不仅如此,在过去几年它们在国际舞台上的活动越来越积极和主动。最明显的例子就是2011年联合国秘书长潘基文首次访问了太平洋岛国、2013年斐济成为G77的主席以及2013年基里巴斯在联合国派

---

[1] Oliver Hasenkamp, "The Pacific Island Countries and International Organizations: Issues, Power and Strategies," in Andreas Holtz, Matthias Kowasch and Oliver Kasenkamp (2016), eds., *A Region in Transition: Politics and Power in the Pacific Island Countries*, Saarland: Saarland University Press, pp. 227–263.

遣了首个常驻外交代表。不同的国际组织承担着不同的任务，但只有联合国才拥有大量的专业化及相关性的组织和机构。国际组织可以帮助小国克服"规模小"的脆弱性，同时，国际组织成员国的身份可以帮助小国获得丰富的资源。在自由制度主义看来，国家在无政府状态下寻求秩序和稳定，主要表现在愿意在扩大国际制度方面投入资源。如果过程决定了国家的行为，那么国家与国际组织之间的互动同样重要。① 像其他国家一样，太平洋岛国想通过获得联合国成员国的身份，接受国际组织的支持和对其主权及独立的认可，尤其是在去殖民化方面。联合国为太平洋岛国提供了多边主义的框架，并通过国际制度和规范为太平洋岛国提供资助，而联合国通过保护岛国可以约束大国和富有侵略性的国家。除了主权的认可之外，联合国成员国的身份有助于国际社会对太平洋岛国的接受，为太平洋岛国提供了进入国际的、跨国的以及多边机构的通道，比如世界银行、国际货币基金组织等，还可以为岛国提供发展援助。② 太平洋岛国在联合国的活动舞台主要是在联合国大会中，那里的所有成员都遵循主权平等的原则，因而太平洋岛国可以发挥数量的优势来获取最大的收益。罗伯特·罗斯坦（Robert Rothstein）认为国际组织的存在可以通过扩大外交视野的方式为没有经验的小国提供发展"外交老练"（Diplomatic Sophistication）的可能性。③

大部分太平洋岛国获得政治独立的时间较晚，政治现代化进程比较缓慢。太平洋岛屿处在世界的边缘地带，无论是殖民前时期、殖民阶段还是民族自治和国家建设时期，南太平洋地区距离国际政治的传统热点地区比较遥远。就经济发展、社会进步和政治演进来看，太平洋岛国距离现代化的基本目标还比较遥远。岛国在取得民族独立之后，它们认识

---

① Robert O. Keohane and Lisa Martin (1995), "The Promise of an Institutional Theory", *International Security*, Vol. 20, No. 1, pp. 39 – 51.

② Baldur Thorhallsson (2012), "Small States in the UN Security Council: Means of Influence?", *The Hague Journal of Diplomacy*, Vol. 7, No. 2, pp. 142 – 143.

③ Robert L. Rothstein (1968), *Alliances and Small Powers*, New York: Columbia University Press, p. 40.

到了通过外交手段来扩大本国产品出口和赢得外国援助的重要性。[1] 为了取得国际社会的认可,太平洋岛国渴望加入重要的国际组织,尤其是联合国。在很多岛国看来,加入联合国是取得国际合法性的标志,[2] 其中一些岛国在独立几年之后才加入联合国(见表1)。

表1 太平洋岛国独立及加入联合国的时间

国家	独立时间	加入联合国时间
斐济	1970	1970
密克罗尼西亚	1986	1991
基里巴斯	1979	1999
马绍尔群岛	1986	1991
瑙鲁	1968	1999
帕劳	1994	1994
巴布亚新几内亚	1975	1975
萨摩亚	1962	1976
所罗门群岛	1978	1978
汤加	1970	1999
图瓦卢	1978	2000
瓦努阿图	1980	1981

二 联合国投票权:太平洋岛国与联合国互动的因变量

纵观近几年岛国在联合国中的投票行为,可以发现岛国的投票具有缺席率高、投票与自身关注议题的相关性较高以及追随大国投票的特点。

第一,在联合国大会中的缺席率较高。在联合国的体系内,太平洋岛国与大国一样拥有平等的投票权。联合国大会被普遍认为拥有绝大多数的选票,唯一在争议选票上记录成员国的投票行为。近年来,联合国

---

[1] 汪诗明、王艳芬:《太平洋英联邦国家——处在现代化的边缘》,四川人民出版社,2004,第335~340页。
[2] Sheila Harden (1985), *Small Is Dangerous-Micro States in a Macro World*, Report of a Study Group of The David Davies Memorial Institute on International Studies, London, p. 16.

大会已做出特别努力，争取就各种问题达成共识，而不是通过正式表决做出决定，强化了对大会决定的支持。在联合国大会193个会员国中，每个国家都享有一票否决权。① 在有争议的联合国大会投票中，太平洋岛国经常缺席。从2010年到2013年的联合国大会的一些决议中，太平洋岛国的缺席率比较高。在这些国家中相对较好的是斐济、巴布亚新几内亚、萨摩亚和所罗门群岛。根据规则，在联合国大会中，对于有关和平与安全的建议、选举安全理事会成员和经济及社会理事会成员以及预算问题等特大议题的表决，要获得成员国三分之二的投票，但其他问题则由简单多数决定。联合国的投票并不强制每个成员国都参加，这样的规则缺乏强制力。就缺席而言，迄今为止的实践不足以形成一个普遍为各国所接受的程序方式。20世纪50年代，在安理会就朝鲜问题通过关于实质性问题的决议时，苏联就缺席了会议。

第二，在联合国大会中，岛国与美国投票的一致率较高。在联合国舞台上，太平洋岛国的投票与美国存在着很多共识。在自身不重点关注的问题上，相比较志趣相投国家联盟的影响，岛国的投票行为更容易受大国的影响，特别是美国的"自由联系国"与其一致性投票率。2013年帕劳的一致性投票率为98.4%，密克罗尼西亚的投票率为99.6%，马绍尔群岛的投票率为93.6%。除了"自由联系国"之外，德国、澳大利亚和新西兰也与美国保持很高的一致性投票率，主要原因是这些国家是美国重要的盟友，在国际事务中拥有很多共同利益。因此，在过去几年，帕劳、密克罗尼西亚和马绍尔群岛与以色列、加拿大一起成为美国在联合国大会上最亲密的盟友，尤其是在美国最为重视的联合国投票中。太平洋岛国经常在国际舞台的投票场合与以色列站在一起。自2011年之后，"自由联系国"对以色列的支持度为100%。2012年11月，联合国大会做出了是否视巴勒斯坦为正常国家时，只有9个国家与以色列投了反对票，其中这9个国家包括美国的"自由联系国"和瑙鲁。② 然

---

① 《联合国大会》，http://www.un.org/zh/ga/about/background.shtml。

② "Israel at the Ends of the Earth," Tablet, http://www.tabletmag.com/jewish-life-and-religion/219519/praying-with-your-bod。

而，岛国并非在所有的投票问题上都与美国保持一致，特别是与人道主义有关的问题。比如，对于美国 2012 年反对终止死刑的问题，岛国投了反对票。

第三，对与自身密切相关的问题，投票比较积极。受全球环境恶化的影响以及历史上遗留的一些问题，使得南太平洋地区成为全球环境的"重灾区"之一。南太平洋地区处于太平洋板块、美洲板块和南极洲板块的交汇处，这三大板块的运动使得该地区成为地球上地震和火山活动频繁的地区。此外，该地区处于赤道附近，每年还要受到热带飓风的侵扰。仅在 2015 年，瓦努阿图和汤加就发生了六级以上的地震。这些自然灾害不仅阻碍了经济的发展，也影响了社会生活的正常运转。20 世纪 90 年代以后，太平洋岛国面临的环境问题比之前更严峻。许多环境问题是由区域外的国家所引起的，比如臭氧、气候变化、有毒废弃物的倾倒以及流网捕鱼等。环境问题是太平洋岛国政府在未来所面临的主要挑战之一。[1] 在几乎所有的国际组织中，气候问题是岛国首要关切的议题。在联合国的舞台上，对气候变化的关注是所有太平洋岛国的共识。从岛国自身的角度考虑，气候变化与许多问题都密切相关，从可持续发展到人权和国际安全。基于生存条件的脆弱性，小国尤其是小岛屿国家往往更具有强烈的环保意识。气候变化对小国来说是一个特别严重的问题，尤其是那些被联合国定义为低洼沿海岛的国家。全球气候变暖将使雪山、冰川融化，导致海平面上升。全球海平面的上升必将对这些国家造成严重的损害。图瓦卢海拔最高处仅为 4.5 米，持续上升的气温和海平面严重影响着这个国家的生存，使这个国家面临沉入海底的危险。2001 年 12 月，图瓦卢领导人承认在与气候变化的斗争中失败，宣布将放弃他们的祖国。其他岛国，比如库克群岛、基里巴斯、瑙鲁和萨摩亚等也面临着类似的情况。未来 40 年内，南太平洋海面会再上涨 40 厘米，8 万多基里巴斯的居民将面临丧失家园的厄运。对于地势低洼的太平洋岛国来说，海平面的上升将导致诸如水灾、土地侵蚀、海水侵入和风暴加

---

[1] Ramesh Thakur (1991), *The South: Problems, Issues and Prospects*, New York: St. Martin's Press, p. 69.

剧等严重的危害,威胁到这些国家的领土完整和主权,并导致围绕资源和领土的冲突和动荡,甚至使这几个岛国正面临彻底消失的危险。[1] 小岛国更容易受气候变化的影响,最明显的是厄尔尼诺现象。在南太平洋,厄尔尼诺现象引发了巴布亚新几内亚、马绍尔群岛、密克罗尼西亚、萨摩亚、汤加、基里巴斯和斐济的缺水和干旱现象,还容易引发图瓦卢、萨摩亚、库克群岛、汤加和法属波利尼西亚的飓风现象。[2]

三 岛国外交政策偏向

理论意义上,一国在既定问题上的政策原则是其在联合国投票的基础和依据。太平洋岛国在联合国投票的特点某种程度上体现了其外交政策的特点,同时这也反映岛国的外交政策的国际体系取向。罗伯特·基欧汉等国际体系学者认为,体系塑造着国家的对外思维,也影响着小国的对外政策行为。[3] 因此,联合国体系塑造着太平洋岛国的对外政策行为。

(一) 追随外交

对小国来说,"追随强者"是一个接受监护的捷径。政治行为体是选择"彼此制衡"还是"追随强者",取决于系统的结构。华尔兹指出,在国内政治中,只要某个人最有可能胜出,几乎所有的人都会选择追随强者,而不会再有人试图通过结盟来阻止其赢得权力。追随强者而非均势便成为典型行为。[4] 在无政府性的国际社会中,"追随强者"的

---

[1] 韦民:《小国与国际关系》,北京大学出版社,2014,第265页。

[2] Mark Pelling and Juha I. Uitto (2001), "Small Island Developing States: Natural Disaster Vulnerability and Global Change," *Environmental Hazards*, Vol. 3, p. 55.

[3] Robert O. Keohane (1969), "Lilliputians' Dilemmas: Small States in International Politics," *International Organization*, Vol. 23, No. 2; Robert L. Rothstein (1968), *Alliances and Small Powers*, London: Columbia University Press; Annette Baker Fox (1967), *The Power of Small States*, Chicago: University of Chicago Press.

[4] 〔美〕肯尼斯·华尔兹:《国际政治理论》,信强译,上海人民出版社,2008,第133页。

典型表现便是与强者为伍。追随战略很少涉及成本，它通常在收益预期下制定而成。这就是追随战略更为普遍的原因。小国追随大国的动因多种多样：其一，阻止更强大的国家支配某个特定地区或抵抗某个外部威胁，是小国追随大国的基本动因。其二，追随大国是为了获得诸如增加对外贸易、支持国内政体、提高国际信誉、获得经济援助等现实利益。①

（二）气候外交

作为一个非传统安全问题和对小国构成最大威胁的全球性议题，气候变化是小国外交的优先领域，同时也是小国发挥独特国际作用、产生国际影响的外交议题。气候外交作为一个新兴、独立的外交领域，产生于国际社会应对气候变化、防治全球环境问题和资源危机、保护和改善人类环境的共同努力之际，它与传统的主要是军事、战争和领土争端方面的其他外交形式具有显著不同的特征。目前，应对气候变化问题已经成为国际关系的一项重要内容。随着全球气候问题日益严重，国际气候合作的重要性日益上升，气候问题与国家安全和外交政策的联系日益紧密。从某种意义上说，气候外交是维护国家安全和国际社会和平、可持续发展的重要工具。② 小国是气候变化的最大受害者。然而，应对这些复杂环境的挑战，不能仅仅依靠国家治理，还必须依靠全球治理。在联合国的舞台上，作为一个游说集团，1991年由43个小岛及低洼海岸线国家构成的小岛屿国家联盟（AOSIS）已经具有一定的国际政治地位。联合国环境与发展大会为小岛国提供了表达对全球环境和发展问题担忧的机会。在2009年哥本哈根气候大会中，小岛国联合呼吁全世界共同解决气候变化问题，提出了全球关注、温室气体减排、资金和技术支持的要求。全球气候谈判也为小岛国提供了参与全球气候治理的空间。小岛国必须全力利用全球会议带来的机会和成果。

（三）全球多边外交

与大国相比，太平洋岛国国小民少，经济落后，外交资源的匮乏推

---

① 韦民：《小国与国际安全》，北京大学出版社，2016，第63页。
② 陈宝明：《气候外交》，立信会计出版社，2011，第6~7页。

动着多边外交偏好的形成。以联合国维和行动为例。相比印度、德国、澳大利亚、美国等国家，除了斐济之外，太平洋岛国对联合国的维和行动的贡献普遍较低。这主要是因为岛国的国内财政资源紧张，预算较低。而斐济在参与联合国维和行动方面有着很长的历史，这不仅使它得到了很多财政利益，而且也提高了其在国际社会中的影响力。[1] 由于规模的局限性，在生存与发展的过程中，岛国更为依赖外部的世界，对于经济援助有着较强的依赖性。因此，国际环境对于岛国的行为影响比较显著，一定程度上塑造着岛国的外交思维方式。当下，国际关系发展的一个趋势是多边主义，相比较其他国家，岛国对于多边主义的偏好较为明显。在外交资源比较匮乏的条件下，岛国只能寻求成本更低、更为经济的互动方式，如多边外交、国际会议、地区组织等。这一模式已经为太平岛国论坛的外交模式所验证。太平洋岛国论坛包括16个正式成员国、2个联系国和11个观察席位的政治组织，该论坛为岛国协调地区事务提供了一个很好的平台，在这个平台上岛国可以就各种地区和全球事务进行磋商。对岛国来说，由于国家实力的脆弱性，无法单独在国际社会发出自己的声音，只有通过地区合作组织来克服自身的脆弱性。[2] 目前，许多区域外的国家都成为论坛会后对话国，主要有印度、法国、中国、日本、古巴、西班牙、土耳其等17个国家。岛国通过太平洋岛国论坛与区域外的国家进行多边外交，可以有效地缓解自身脆弱性，寻求生存风险的最小化。论坛日益重视集体外交，并把它作为岛国与区域外国家互动的主要方式。[3] 在多边机制中，完善的国际制度和规范，促进国际体系的有序与稳定，是岛国保证生存的根本方式。

---

[1] Jon Fraenkel (2009), "The Fiji Militaryy and Ethno-nationalism: Analyzing the Paradox," in Stewart Firth and Jon Fraenkel, eds., *The 2006 Military Takeover in Fiji-A Coup to end all Coups*? Canberra: ANUE Press, pp. 117–137.

[2] 梁甲瑞、张金金：《太平洋岛国论坛为何恢复斐济的成员国资格》，《战略决策研究》2016年第1期，第43页。

[3] Roderic Alley (1998), *The United Nations in Southeast Asia and the South Pacific*, London: Macmillan Press, p. 186.

四　结语

外交事务对一个国家的生存和发展有着重要的影响，任何国家都不可能避开国际体系而独自生存和发展。对于严重依赖外部环境的太平洋岛国来说，外交是最大限度降低自身脆弱性、实现国家利益的主要方式。作为最重要的国际组织，联合国为太平洋岛国提供了宝贵的交往平台。通过与太平洋岛国不断的互动，联合国赋予了太平洋岛国特定的身份和意义。与此同时，在联合国体系内，太平洋岛国拥有了责任和权利。其中，投票权是太平洋岛国在国际组织中比较重要的外交资源。从很大程度上说，太平洋岛国在联合国的投票行为反映了国家的立场和外交政策偏向。太平洋岛国外交正成为国际关系中不可忽视的组成部分。

国际社会应该以平等的视角去对待太平洋岛国，切实考虑太平洋岛国自身的利益诉求，而不能以俯视的视角去处理同太平洋岛国的关系。2015年4月3日，中国正式推出了《推动共建丝绸之路经济带和21世纪海上丝绸之路的愿景与行动》，其中明确指出21世纪海上丝绸之路的重点方向是从中国沿海港口过南海到南太平洋。[1] 这说明中国有意想让"一带一路"倡议惠及南太平洋地区，推动该地区实现区域内的道路连通、贸易畅通、货币畅通和民心相通等。"一带一路"倡议如果能延伸到南太平洋地区，这将有利于践行我国的总体安全观，打造命运共同体，推动双方朝着互惠互利、共同安全的目标相向而行。2017年6月，国家发改委和国家海洋局联合发布了《"一带一路"建设海上合作设想》，提出重点建设三条蓝色经济通道，其中一条蓝色经济通道是经南海向南进入太平洋，共建中国—大洋洲—南太平洋经济通道。[2] 这条蓝色经济通道是中国在南太平洋地区落实21世纪海上丝绸之路的实践，是中国构建与太平洋岛国友好外交关系的应有之义。对中国来说，了解太平洋岛国的外交风格有助于处理同太平洋岛国的各种关系。中国与太

---

[1] 《推动共建丝绸之路经济带和21世纪海上丝绸之路的愿景与行动》，http://www.fmprc.gov.cn/ce/cein/chn/zgyw/t1251977.htm。

[2] 《"一带一路"建设海上合作设想》，http://news.xinhuanet.com/politics/2017-06/20/c_1121176798.htm。

平洋岛国的交往是大国与小国之间的互动，属于不对称的互动关系。不对称互动是当今国际关系的有机构成。大国关系是国际关系的主旋律，大小国家间的关系也是其中的重要表现形式。在许多不对称关系中，大国关系也是难以规避的背景，不对称在某种情况下不过是大国关系的延伸而已。① 处理不对称的关系时，只有实际了解太平洋岛国的资源禀赋、外交风格，双方才能建构一种健康的合作关系，才能在国际社会中产生更多的积极互动。与中国相比，太平洋岛国具有脆弱性、敏感性及认可需求强的心理特征，这些心理特征是小国的共性。就脆弱性而言，基于自身实力的弱小，太平洋岛国在对外交往时难免会有脆弱感，尤其是在面对气候变化问题时，岛国自身的国家治理难以应对。就敏感性而言，太平洋岛国自身的脆弱性是产生敏感的主要原因。在国际社会的资源分配中，太平洋岛国与大国获得的资源存在巨大的差距，构成了矛盾的心理。之所以太平洋岛国在联合国投票中的离席率高，跟对一些议题的敏感分不开。就认可需求而言，随着国际地缘政治的发展和国际体系的变迁，太平洋岛国的地缘战略价值越来越重要，这使得其在国际社会中渴望存在感，并获得尊重。因此，中国应该在洞悉岛国的特有的心理基础上，了解其外交风格，与岛国构建积极、健康的互动。

---

① 韦民：《小国与国际安全》，北京大学出版社，2016，第365页。

太平洋岛国参与全球气候治理：
现状、主张及成效

宋秀琚
华中师范大学中印尼人文交流研究中心副主任、副教授
余姣
华中师范大学政治与国际关系学院国际事务研究所硕士生

全球气候治理是各国际行为体通过一系列具有约束力的国际制度、条约来解决全球气候变化问题，以实现人类可持续发展的行为。全球气候治理问题越来越受到国际社会的重视。太平洋岛国虽然在应对全球气候变化上既敏感又脆弱，但它们尽自己所能参与全球气候治理，取得了一定的成效。

一 太平洋岛国气候环境现状及其困境

（一）太平洋岛国面临严峻的气候环境

太平洋岛国是指分布在南太平洋海域除澳大利亚和新西兰之外的其他14个大洋洲岛屿国家。[①] 太平洋岛国多属发展相对落后国家（其中基里巴斯、所罗门群岛、图瓦卢和瓦努阿图还被联合国认定为最不发达国家），因固有的地理和环境特点，其应对气候变化的能力极其脆弱。太平洋岛国因气候变化导致的危机包括海平面上升、热带和温带气旋（热

---

① 斐济、萨摩亚、汤加、巴布亚新几内亚、基里巴斯、瓦努阿图、密克罗尼西亚、所罗门群岛、瑙鲁、图瓦卢、马绍尔群岛、帕劳、库克群岛和纽埃。这14个国家连同澳大利亚和新西兰于1971年在新西兰首都惠灵顿成立了"南太平洋论坛"（SPF）；2000年10月该论坛更名为"太平洋岛国论坛"（The Pacific Islands Forum, PIF）。

带风暴)、降雨模式改变和人类赖以生存的生态系统遭到毁灭性破坏等。譬如，随着全球气候变化而导致的海平面上升，图瓦卢全岛将在50年内全部沉入海中。① 又如，热带风暴等极端气候灾难对太平洋岛国的危害更为直接。

(二) 太平洋岛国应对气候变化的困境

太平洋岛国在应对破坏力巨大的气候灾难上往往力不从心，原因如下：

首先，太平洋岛国都是发展中国家，经济发展水平较低，应对气候变化的新技术短缺。众所周知，科技是应对气候变化和实现可持续发展的重要手段。② 但太平洋岛国由于贫困落后，应对气候变化能力普遍不足，应对气候变化技术的需求尤为强烈。

其次，经济发展滞缓，资金人才匮乏。太平洋岛国因其特殊的地理条件，存在严重的经济脆弱性问题。该地区经济增长率普遍偏低，负债率高，其中，斐济、瑙鲁、萨摩亚和汤加的债务水平已超过警戒线。经济的缓慢发展也使得外部投资和人才培训成为一个迫切需要解决的难题。

最后，太平洋岛国在全球气候治理中的话语权微弱。国际气候谈判是全球气候治理过程中一个必不可少的环节。但由于太平洋岛国处于国际社会的边缘，它们在政府间气候变化专门委员会 (Intergovernmental Panel on Climate Change, IPCC) 等组织及会议中的诉求并不能被特别重视，参与全球气候治理的话语权微弱。

二 太平洋岛国参与全球气候治理的主张及要求

面对全球灾难性环境变化，太平洋岛国立足自身，通过太平洋岛国论坛 (PIF) 制定本区域气候治理措施，积极与域外大国进行双边合作，

---

① 《图瓦卢群岛：全球气候变暖的首批受害者》，http://discover.news.163.com/09/1123/11/5OQ73FSH000125LI.html。

② Nicola Cantore, Dirk Willem te Velde, Leo Peskett (2014), "How Can Low-Income Countries Gain from a Framework Agreement on Climate Change? An Analysis with Integrated Assessment Modelling," *Development Policy Review*, Vol. 32, Issue 3, pp. 313 – 326.

引资引智引技，减缓全球气候变化给本区域带来的危害，同时帮助本区域适应气候变化。此外，太平洋岛国还利用一切机会，向国际社会表达了全球气候治理的主张及要求，希望获得国际社会的关注。

（一）要求世界各国关注其生存权和发展权，加强与国际社会的对话

全球气候的变化，严重影响着太平洋岛国的生存权和发展权。全球气候变暖导致的海平面上升会对太平洋岛国的生存造成严重的威胁，也使得太平洋岛国在国际气候谈判中特别强调其生存权和发展权，并且迫切希望得到国际社会的关注。太平洋岛国极力呼吁与国际社会加强对话，让国际社会了解其生存困境并采取有效措施来降低环境变化带来的损失。在2011年第42届PIF领导人会议中，时任PIF秘书长的斯莱德表示，本次会议是岛国论坛历届会议中十分重要的一次会议，是首次和联合国秘书长潘基文一起讨论岛国问题，希望国际社会更多地关注岛国面临的气候变化等问题。[①]

（二）要求世界各国特别是发达国家主动减排，减轻环境压力

全球温室气体的排放关系着太平洋岛国的生死存亡，因此它们强烈要求限制温室气体排放。2009年在澳大利亚凯恩斯召开的第40届PIF领导人会议中，与会15国领导人就积极应对全球气候变化和温室气体减排提出了具体要求。领导人呼吁，各国应加倍努力，争取在哥本哈根联合国气候变化大会上就减排等议题达成一致。尽管论坛新任轮值主席、澳大利亚总理陆克文承认，减排任务"非常艰巨"。[②]

（三）要求国际社会加大技术资金的援助

太平洋岛国的气候脆弱不仅是环境问题，也是严重的可持续发展资

---

① 《太平洋岛国论坛秘书长吁更多关注岛国面临的气候变化等问题》，http://news.xinhuanet.com/world/2011-09/08/c_122002154.htm。

② 《太平洋岛国就应对全球气候变化等问题达成共识》，http://news.xinhuanet.com/world/2009-08/06/content_11838899.htm。

金技术短缺问题。这些因素使得小岛屿国家对于国际资金、技术等方面援助的依赖性很强,争取更多的国际援助就成为他们在国际气候谈判中的重要目标。为此,太平洋岛国一方面致力于加强与国际社会尤其是域外大国(或区域性组织)的合作,增强经济发展能力。另一方面寻求应对气候变化技术的支持,包括:一是清洁能源和新能源、再生能源技术,先进的农业和海洋经济技术;二是先进的气候变化预警和情报系统、区域气候观测系统;三是缓解气候灾害影响的技术;四是防灾减灾技术以及灾后重建技术;五是适应气候变化的生产、生活技术等。目前,在太平洋岛国的国际援助需求清单中,技术援助占了很大比重。

(四)要求国际社会及周边国家在其遭遇"灭顶之灾"时接纳移民

太平洋岛国要求国际社会必须立即重视和讨论安全问题以及由气候变化所造成的人权问题,包括如何为这些人的重新定居创造条件等。① 随着全球气候变暖,海平面上升,他们也在很多场合呼吁国际社会关注环境移民问题,希望在遭遇气候灾害时能够接纳其移民。

三 太平洋岛国参与全球气候治理的实践

太平洋岛国不仅频频在国际场合发声,争取在全球气候治理中的话语权,而且还持续不懈地推动本区域气候治理措施的落实。

(一)加强域内国家间的协调

PIF 由 16 个太平洋地区独立的和自治的成员国组成,为南太平洋地区最高的区域性政府间组织。② 关于气候变化及应对问题一直是 PIF 的中心议题之一,如 2011 年年会通过了"太平洋岛国领导人关于在全球范围内采取紧急行动应对气候变化的呼吁";2013 年赞同《马朱罗宣

---

① 曹亚斌:《全球气候谈判长的小岛屿国家联盟》,《现代国际关系》2011 年第 8 期。
② "Pacific Islands Forum Secretariat," http://www.forumsec.org/.

言》关于采取紧急行动应对气候变化的陈述；2016年围绕"气候变化和灾害风险管理"议题，讨论了保护海洋可持续发展等紧迫问题，等等。除太平洋岛国论坛外，在太平洋地区还有太平洋共同体等区域性组织。它们在落实各国和国际组织对南太地区包括应对气候变化的援助项目方面，也取得了突出成果。

（二）与其他小岛国家相互呼应

1989年，世界小岛屿国家为应对全球气候变化、海平面上升问题在马尔代夫首都马累召开第一次会议，通过了《马累宣言》（Male Declaration）并最终促成了小岛屿国家联盟（The Alliance of Small Island States, AOSIS）的成立。小岛屿国家联盟现有44个成员国，太平洋大部分小岛屿国家都加入了该组织。[1] 小岛屿国家联盟在全球气候谈判中一直坚持其自身特殊的利益诉求。在国际气候谈判中，小岛屿国家联盟通过了一系列关于阐述小岛屿发展中国家的资金困境、现状危机、技术短板、移民权利等问题的文件，作为在全球气候谈判中的重要法理依据。在《2009年小岛屿国家联盟气候宣言》中，小岛屿国家联盟急切呼吁发达国家应该承担起领导责任，带头采取紧急、有决心、有目标的减排行动来减少大气中的温室气体，通过升级对小岛屿国家经济及技术援助来提升小岛屿国家对于气候变化尤其是海平面上升的应对能力。在1992年在巴西举办的联合国环境发展大会（UNCED）上，小岛屿国家联盟成功争取到国际社会的关注和尊重，后者重申《21世纪章程》，呼吁国际社会关注小岛屿国家的发展脆弱性，应当定期召开关于小岛屿发展中国家可持续发展的区域性和全球性会议。[2] 联合国67/207号决议敦促具备能力的国际和双边捐助者，以及私营部门、金融机构、基金会和其他捐助者，向第三世界小岛屿发展中国家问题国际会议信托基金自愿

---

[1] "Small Islands," http：//www.sidsnet.org/aosis/.

[2] *Convening of a Global Conference on the Sustainable Development of Small Island Developing States*, UN Documentation：Resolutions Adopted by the General Assembly at its 47th Session, A/RES/47/189, http：//www.un.org/chinese/aboutun/prinorgs/ga/47/r47all2.htm.

捐款，以支持小岛屿国家参与国际会议，协助小岛屿发展中国家实施《巴巴多斯行动纲领》和《毛里求斯战略》，提升小岛屿国家应对包括气候问题在内的诸多挑战的能力。①

（三）加强与域外大国的合作

加强与域外大国的合作是太平洋岛国应对气候变化能力的重要途径。日本从 20 世纪 60 年代末期就开始对太平洋岛国进行援助。太平洋岛国与日本的合作主要是通过日本与太平洋岛国论坛首脑会议（PALM）机制来实现的。自 1997 年第一届 PALM 始，日本就通过一系列协议，不断加强对太平洋岛国在解决气候变化问题上的资金、技术和人力援助，从而在气候变化问题上掌握主动权；② 2009 年双方还建立了太平洋环境共同体。美国主要通过设立太平洋美国气候基金（Pacific American Climate Fund）、沿海社区改造项目（Coastal Community Adaptation Project, C-CAP）和清洁能源职业培训与教育中心（Vocational Training and Education for Clean Energy）等机制项目为太平洋岛国提供资金、技术和人才培训等援助，增强太平洋岛国应对气候变化的能力。除此之外，美国还向太平洋共同体秘书处（SPC）提供支持，着重加强斐济、基里巴斯、萨摩亚、所罗门群岛、汤加和瓦努阿图等国家应对气候变化的食品生产体系。③ 欧盟对于太平洋岛国的气候援助也日益增加。2009年出席第 40 届 PIF 会议的欧盟委员会代表团团长、欧盟委员会发展总司司长斯特凡诺·曼塞尔维西（Stefano Manservisi）表示，欧盟委员会将

---

① *Follow-up to and Implementation of the Mauritius Strategy for the Further Implementation of the Programme of Action for the Sustainable Development of Small Island Developing States*, UN Documentation: Resolutions Adopted by the General Assembly at its 67th Session, http://research.un.org/en/docs/ga/quick/regular/67.

② 宋秀琚、叶圣萱：《日本—南太岛国关系发展及中国的应对》，《国际观察》2016 年第 3 期。

③ 宋秀琚、叶圣萱：《"亚太再平衡战略"下美国与南太岛国关系的新发展：兼论中国应对之策》，《太平洋学报》2016 年第 1 期。

继续致力于帮助太平洋岛国应对气候变化问题,并向岛国提供发展援助资金。① 2014 年 11 月,中国与 8 个太平洋建交岛国建立了相互尊重、共同发展的战略伙伴关系。应对气候变化一直是中国与太平洋岛国合作的重点内容,发展新能源和清洁能源,应对气候变化也是双方共识。2015 年 10 月,中国宣布出资 200 亿元人民币建立"中国气候变化南南合作基金",从而以此为框架,在能力建设、政策研究、项目开发等领域为包括太平洋岛国在内的广大发展中国家应对气候变化提供更多支持。近年来,中国在太平洋岛国地区实施了小水电、示范生态农场、沼气技术等项目,向有关岛国提供了节能空调、太阳能路灯、小型太阳能发电设备等绿色节能物资,资助太平洋区域环境署开展应对气候变化项目,为岛国应对自然灾害提供物资援助和人员培训。

四 太平洋岛国参与全球气候治理的成效及未来展望

经过不懈努力,太平洋岛国在改善区域气候环境上成效显著,其缓解和适应气候变化的能力有了显著提高,主要表现在以下几个方面:

首先,通过了一系列公约、公报,奠定了太平洋岛国参与全球气候治理的制度基础。一是 PIF 定期召开会议并通过一系列文件和公报,为太平洋岛国可持续发展提供了制度性要求及规划;二是太平洋岛国参与《联合国气候变化框架公约》,争取更多的国际关注;三是小岛屿国家联盟也极力在各种国际气候谈判中争取利益。

其次,参与区域性、国际性组织,为太平洋岛国参与全球气候治理搭建了稳固的组织保障。一是通过 PIF 定期领导人会议,呼吁国际社会关注其气候变化及困境。如第 44 届 PIF 通过《马朱罗宣言》,呼吁国际社会采取紧急行动,共同应对气候变化带来的挑战。② 二是小岛屿国家联盟出席第二次世界气候大会(World Climate Change),推动 1992 年联合国通过《21 世纪章程》,确认了小岛屿国家环境与发展的特殊情况,

---

① 《欧盟将继续帮助太平洋岛国应对气候变化》,http://news.xinhuanet.com/world/2009-08/07/content_ 11838945.htm。
② 《太平洋岛国论坛领导人会议通过〈马朱罗宣言〉》,http://news.xinhuanet.com/world/2013-09/05/c_ 117249351.htm。

《联合国气候变化框架公约》中也特别强调了"海平面上升对岛屿和沿海的低地特别是低洼沿海地区可能产生的不利影响";2005年的《毛里求斯宣言》呼吁国际社会能够切实地在国际市场准入、投资等方面更多地关注小岛屿发展中国家,用实际行动来支持小岛屿国家的稳定的可持续发展。三是在联合国环境署、世界气候大会等组织中,太平洋岛国往往能以更切实专业的数据说服其他成员关注气候变化的灾难性后果,增强了国际社会治理全球气候变化的紧迫感。

最后,国际社会的广泛援助夯实了太平洋岛国参与全球气候治理的经济、技术基础。对太平洋岛国的援助都有助于增强其发展和应对气候变化的能力。中国对太平洋岛国的援助不仅包括资金援助,还包括一些气候产品、技术和专门人才的培训与输出。澳大利亚、日本、美国和欧盟等也在不断向太平洋岛国提供资金和人才技术支持。这些援助在很大程度上提升了太平洋岛国应对气候变化的能力。

全球气候治理是一项没有止境的艰巨任务。对于太平洋岛国而言,为增强缓解和适应气候变化的能力,它还必须:一是加速经济结构调整,提升经济实力,为应对气候变化提供资金、技术和人才储备。二是有节制地开发开放海岛经济和海洋经济,加强对海岛环境的维护及对海洋资源如珊瑚礁、海洋生物的保护。三是开发新能源和清洁能源技术,降低环境脆弱性,促进可持续发展。四是太平洋岛国还必须采取切实措施融入国际市场,积极参与国际事务,与其他国家和地区形成牢不可破的命运共同体,以增强国际社会对该地区气候灾难的切实关注。最后也是太平洋岛国最缺乏的,就是参与全球气候变化数据产品的开发建设与互联互通,与先进国家一道共享气候变化信息。

南太岛国区域是我国"21世纪海上丝绸之路"的主要路线,我们应契合当地发展实际需要,在蓝色伙伴关系框架下,共走绿色发展之路、共创依海繁荣之路、共筑安全保障之路、共建智慧创新之路、共谋合作治理之路。[①] 尤其是在共谋合作治理之路方面,我们应在中国—小

[①] 国家发展和改革委员会、国家海洋局:《"一带一路"建设海上合作设想》,http://cpc.people.com.cn/n1/2017/0620/c64387-29351311.html。

岛屿国家海洋部长圆桌会议、全球蓝色经济伙伴论坛、海洋环保研讨会及中国—太平洋岛国经济发展合作论坛等多边合作机制下突出太平洋岛国对气候变化的严重关切,为它们参与全球气候治理提供资金、技术和人才支持;建立海洋气候数据中心,推动气候变化信息产品的互联共享。随着中国"一带一路"建设海上合作设想的逐步推进,相信在中国及国际社会的协助下,太平洋岛国能够探索出一条参与全球气候治理的新思路、新途径。

价值因素与澳大利亚对华政策的选择

崔 越

对外经济贸易大学中澳中心

  价值观是外交政策制定过程中无时无刻不在起作用的一个因素。作为一个社会群体，澳大利亚外交的政策主体共享某些价值观，持续稳定地对政策主体、决策过程乃至政策环境发挥限定作用，成为外交政策制定的重要参数。而最终的政策选择，则是在一个相对稳定的价值层面上，在不同优先次序作用下，在实用主义考量之间进行筛选、折中的结果。中等强国认同和"事大"或"自主"的价值取向是影响澳大利亚外交政策的重要价值观，同样体现在对华政策上。本文对价值因素的讨论还包括优先次序的设定如何影响外交政策，特别是对华政策的选择。澳大利亚的两个主要党派——工党与保守党联盟，在不同价值观的作用下，形成了具有细微差别的外交政策和对华政策。本文对价值因素的思考与讨论，是围绕两个党派的分歧进行的。

一 中等强国认同

  一个国家的外交政策及其制定，不可避免地受到其自我认同的影响。对于澳大利亚来说，这个重要的影响来自中等强国认同。如卡尔·昂格雷尔（Carl Ungerer）所言，"澳大利亚中等强国的自我认同一直是影响澳大利亚外交表现和外交行为最重要的因素之一"。[1] 在二战后的

---

[1] Carl Ungerer (2007), "The Middle Power Concept in Australian Foreign Policy," *Australian Journal of Politics & History*, Vol. 53, No. 4, p. 540.

政治和外交实践中，澳大利亚的政治精英逐渐形成了跨越党派的中等强国认同。澳大利亚工党以"中等强国外交"为旗帜，提升了澳大利亚国内对于"中等强国外交"的接受度，并成功提升了澳大利亚在国际上的影响。保守党同样具有"中等强国认同"，它认同澳大利亚在国际体系中处于中间等级的国家身份和国际定位，而且是保守党政治家首先给澳大利亚贴上了"中等强国"的标签。虽然同样是"中等强国认同"，两个党派却形成了不同的价值取向。在工党的价值谱系中，多边主义被赋予更高的重要性，在多边外交中联合具有类似想法的国家（Coalition with Like-minded Countries）是实现其"中等强国外交"的手段。而在保守党的价值判断中，大国政治的现实决定了结盟才是中等强国的生存之道，因此澳大利亚只有同强大的西方霸权国家建立和保持密切的同盟，才能在生存与发展的国际竞争中处于不败之地。[1]

如今，无论是否使用"中等强国"的标签，中等强国认同始终以一种隐形的方式，对外交政策制定稳定地发挥作用。一方面，工党和保守党轮流执政，表现出不同的政策偏好；而另一方面，这些政策已经交织在一起，形成"你中有我，我中有你"的政策基本面。无论是哪一个党执政，外交政策都包含三方面的主要内容（如图1）。第一是联盟外交，保持并发展与美国密切的同盟关系对于任何一届澳大利亚政府来说都是首要的；第二是地区外交，深化与亚洲国家的关系，是澳大利亚在21世纪保持经济繁荣的重要条件；第三是多边外交，积极参与以联合国为代表的国际组织，成为"国际好公民"（Good International Citizen）并被其他国家认可，以此作为提升澳大利亚国际形象的主要渠道。把外交政策的出炉想象成不同政策内容通过漏斗的话，联盟外交、地区外交和多边外交构成三个最大的球，它们的位置、关系和互动决定了外交政策的主要构成。也就是说，某一届政府在决定一整套外交政策时，需要决定怎样摆放每一个球，决定它们之间的关系，从而对既有政策进行调整以及分配有限的外交资源。

---

[1] 崔越、牛仲君：《"二战"后澳大利亚的中等强国认同：跨越党派的共识》，《太平洋学报》2015年第10期。

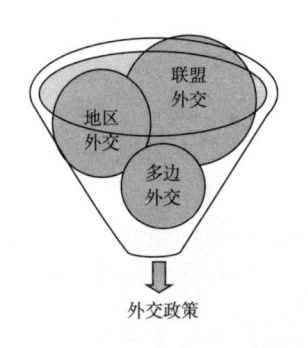

图 1　澳大利亚外交政策形成示意图

工党领导人陆克文出任总理时，曾高调提出"引领于前而不尾随于后"的"富有创造力的中等强国外交"。其对外交方针的具体设计包括以下五点：一、寻求在同盟框架内保持外交行动的独立性；二、致力于《联合国宪章》中的集体安全各原则；三、关注自身所处的地区，但绝不排外；四、要求高度的防务自立，以便在地区安全问题上扮演具有影响力并可信的角色；五、广泛且维系良好的外交关系，以及外交富有创造和革新的决策能力。[①] 可以看出，前三点就是三种外交，排序是联盟外交、多边外交和地区外交。具体到对华政策，基本被涵盖在地区外交中。作为一个中等强国，澳大利亚重视发展同大国或者地区主要国家的双边关系，并将主要的外交资源投放在这些关系上。澳大利亚外交"关注自身所处的地区"，亚洲是其中的重要部分，而中国是亚洲国家中对澳大利亚来说最重要的国家。然而联盟外交被置于更为优先的位置，意味着美国因素和澳美联盟关系将成为对华政策的制约因素。致力于联合国的集体和平及其他事业，意味着更多的外交资源将分配到多边外交，但是受到影响的应该是较小国家而非中国。

二 "事大"或"自主"的取向

澳大利亚外交有"事大"的传统，这种倾向性成为其外交政策的主要基调。澳大利亚历史上执政时间长达 17 年的保守党总理孟席斯

---

① Kevin Rudd (2006), "Leading, Not Following: The Renewal of Australian Middle Power Diplomacy, An Address to the Sydney Institute," September 16.

(Robert Menzies)称之为"强大的愿意出手相助的朋友",这个"朋友"起初是英国,随着英国的衰落,在二战以及战后,澳大利亚就转向了美国。在英国时期,从政治精英到普通民众,都把自己看作英国人,并以之为荣。1947年进行的全国性的民意测验中,仍有65%的澳大利亚人表示希望持有英国国籍,仅有28%的人想拥有独立的澳大利亚国籍。[①] 1900~1930年,澳大利亚仍将外交权交由英国来行使。[②] 与美国的情谊则是在二战的硝烟中结下的,随着日本南下东南亚,摧毁了英国驻扎在那里的军事力量,并空袭澳大利亚北部港口达尔文,澳大利亚迅速由依靠英国转向美国。澳美两军在太平洋战场上密切合作,共同赢得了战争,增强了澳大利亚决策者思想上对美国的仰赖和认同。"事大"观念深深扎根于澳大利亚国家和民族形成的历史中,"事大"的惯性如此之强,以至于二战后美国进行的每一次主要战争,都有澳大利亚军队支持和参与,包括失败惨重的越战。

"事大"最主要的驱动力是其心理上的不安全感。历史学家艾伦·雷努夫(Alan Renouf)将澳大利亚描述成"吓坏了的国家"。并非因为真的有人去"吓"它,而是它始终无法克服与生俱来的恐惧和不安全感。澳大利亚殖民地的历史在其民族心理中形成一种"孤独"情节(Loneliness),像是被远在欧洲的英国母亲散落在太平洋的孩子。对澳大利亚早期历史的描述中,反复出现一种对于"大批亚洲人席卷而来占据北方空旷土地"的恐惧心理,亚洲人总是被假想为充满"敌意"地入侵。[③] 这也是将亚洲移民视为"黄祸"(Yellow Peril)的"白澳政策"的根源所在。冷战时代,主导着保守党外交政策的始终是"反共",因为"国际共产主义"被认为是澳大利亚安全的头号威胁。这解释了保守党政府对于越战的义无反顾和难以回头。

"事大"带有强烈的现实主义色彩,其稳定、坚固、以强大的现实

---

① Rawdon Dalrymple (2003), *Continental Drift: Australia's Search for a Regional Identity*, Burlington, VT: Ashgate, p. 34.
② Alan Renouf (1979), *The Frightened Country*, Melbourne: Macmillan, p. 14.
③ Rawdon Dalrymple, *Continental Drift: Australia's Search for a Regional Identity*, p. 6.

利益为支撑。澳英同盟意味着防卫责任以及大英联邦所带来的一切联系和便利,澳美同盟的建立与发展则是基于地缘政治、国家安全甚至是经济利益的现实选择。像澳大利亚这样的中等强国,有条件成为全球性霸权国家在地理、政策以及战略上的延伸。[①] 无论是当时的海军强国英国,还是拥有超强军力和庞大航母战斗群的美国,都需要合适的军事基地以及港口去投放军力、保持军事的威慑和主动。澳大利亚决策者充分意识到实现其外交目标的现实条件,"我们的地理位置决定了我们是一个具有战略重要性的同盟……我们处在横跨印度洋与太平洋的独特位置"。[②]

克服心理上的不安全感,并非只有"事大"一种途径,"自主"是另一个选择。二战后工党外交将民族主义、国际主义和积极行动主义相结合,彰显其外交"自主"的内涵。"自主"的基点是民族主义,即以澳大利亚的国家利益为外交政策的基本出发点。在这一点上,一些保守党政治家与工党政治家是具有共性的。前保守党外长斯彭德(Percy Spender)就指出,澳大利亚应独立代表其国家利益,在这一点上英国不可能替代澳大利亚人自己。[③] 但需要指出,工党的"自主"实际上是在保证澳美同盟关系的前提下,争取一点政策的空间。工党政治家也赞同澳美同盟,将维护澳美同盟视作为其外交政策的重要目标。工党与保守党在外交政策取向上的分野并非对澳美同盟的支持与否,而是在多大程度上依赖于这一同盟。从工党的角度来说,澳大利亚既不能放弃强者的保护,又不能全然依靠强者的承诺,那么在与强国结盟之外,加强联合国这样的多边机制的作用,无疑是一个明智的选择。

"事大"与"自主"的价值取向对于对华政策来说具有重要的影响。"事大"主义会导致更为紧密的澳美同盟关系以及过于依赖澳美同盟的倾向性,从而挤压独立外交政策的空间。特别是在中美关系由战略

---

① 崔越:《澳大利亚的中等强国外交》,对外经济贸易大学出版社,2016,第117页。

② Gareth Evans and Bruce Grant (1991), *Australia's Foreign Relations in the World of the 1990s*, Carlton, Vic: Melbourne University Press, p. 327.

③ David Lowe (1997), "Australia at the United Nations in the 1950s," *Australian Journal of International Affairs*, Vol. 51, No. 2, p. 178.

竞争产生紧张时，对华政策考虑的不仅仅是澳大利亚的利益，更多的是澳大利亚作为美国盟友的责任。"自主"的倾向性则为"独立政策"创造出一定的空间。当然，"自主"并不一定意味着"亲华"，只是不过多地受到本国以外因素的影响。澳大利亚战略家休·怀特（Hugh White）提出的"中国选择"就是思考中国的崛起给美国霸权、给澳美同盟带来的挑战。从澳大利亚的角度来说，美国与中国分享权力的亚太世纪更符合它的利益，可以说是反映出"自主"的价值取向。

三 优先次序的考量

外交事务纷繁复杂，外交政策的优先次序首先是以国家利益为考量的。安全与繁荣是澳大利亚最为核心的国家利益，也是澳大利亚外交的目标所在。目前从国家来说，美国、中国、日本等大国集中反映了它的战略利益和经济利益，处于优先级别的最高级。其次，是在地区秩序中发挥重要作用的地区大国，例如俄、英、法、德，还包括印度、以色列、尼日利亚、南非等。还有一类被称为"具有类似想法"的国家，是澳大利亚在多边机制中联合行动的对象，包括加拿大、新西兰、北欧国家等。从地区来说，邻近地区国家被赋予更高的重要性，如印尼、马来西亚，还包括文莱、柬埔寨、缅甸等周边小国也具有优先性。美、中所在的亚太地区对澳大利亚来说也具有特殊的意义。[1] 这些国家和地区在澳大利亚外交中的优先性，可以从外交部的机构设置、驻外人员及资源配置中反映出来。

如果在安全与繁荣之间非要排出一个优先顺序，恐怕安全要排在前面，因为澳大利亚的主权、独立是第一要务。[2] 在外交政策上体现为对地区安全和全球安全的优先考虑，包括与美国的双边同盟关系、与相关

---

[1] Allan Gyngell and Michael Wesley (2003), *Making Australian Foreign Policy*, Melbourne: Cambridge University Press, pp. 208 – 212.

[2] Gareth Evans and Bruce Grant (1991), *Australia's Foreign Relations in the World of the 1990s*, Carlton, Vic: Melbourne University Press; Gareth Evans (1993), *Cooperating for Peace: The Global Agenda for the 1990s and Beyond*, Allen & Unwin, North Sydney.

国家的双边军事合作、参与地区多边安全机制,还有以联合国外交为主要渠道的世界和平进程。其次,是保护和开拓澳大利亚的世界市场并力争创造更多的贸易机会。澳大利亚是一个依赖出口的国家,需要有一个自由的国际贸易环境,因此是国际贸易自由化的积极支持者和有力推动者。不同的优先次序其实代表着不同的政策选择,而不同的优先次序反映了不同的利益视角。以我国提出的"一带一路"倡议为例,澳大利亚外交部、商界、某些前外长是主张积极响应的,但是国防派主张持审慎态度。政策是立场的竞逐和较量,而立场是由视角所决定的。

"友"与"敌"的观念是设定优先次序的重要因素。巴里布赞认为,"友"包括了从"真正的友谊"到"得到保护以及支持的期望"的各种关系;"敌"则指"基于怀疑和恐惧的关系"。[①] 在澳大利亚同主要国家的关系中,我们看到英国和美国完美地体现了前一种关系,而亚洲国家,包括日本、印尼、中国则或多或少地体现出后一种关系的特质。澳大利亚把英国称为"母国",这种特殊的关系赋予了一种特殊的信任。作为大英帝国的一分子,澳大利亚人充满自豪感和安全感,相当一部分领导人很自然地将安全保卫之责寄托于英国。接下来的澳美关系,仍然基于同宗同族、同种文化的信任,其中既不乏"真正的友谊",更寄予了"得到保护及支持的期望"。澳大利亚与亚洲主要国家的交往则与英美形成鲜明的对照。二战结束后对日本的"软和平"受到战时敌对关系的阻碍,与邻近的东南亚最大国家印尼的交往也长期笼罩在"黄祸"与"白澳政策"的阴影之下。发展与新中国的关系更为典型,从实现建交到成为"全面战略伙伴",每一步都需要冲破源于不同社会制度、语言文化以及价值观的重重疑虑。前不久媒体爆出特恩布尔(Malcolm Turnbull)将中国称为"友敌"(Frenemy),其实真正反映出发展与中国的关系给澳大利亚所带来的困惑。这一关系意味着重大的、不可放弃的利益,但是澳大利亚也无法否认在中澳关系中所存在的"怀疑与恐惧"。

[①] Barry Buzan (1991), *People, States, and Fear: An Agenda for International Security Studies in the Post-Cold War Era*, New York: Harvester Wheatsheaf, pp. 189–190.

"友"在优先次序上自然处于更为优越的位置,受到更为有力的保障,而"敌"则容易被当作"其次"对待。当"友"与"敌"之间发生冲突时,澳大利亚自然要站在"友"的一边。这正是"友敌"观念的重要性所在,也是"友敌"处于尴尬境地的根本原因。

优先次序的考量实际上反映了不同主体,由于身处不同位置,形成的不同视角。同时,在不同的时点和不同的情况下,同一主体对于优先次序的设定也非一成不变。由于这两个原因,优先次序的考量使价值观因素更为复杂和多变。外交政策的制定过程是一个多层面、多因素的互动过程,优先次序的考量决定了哪一层将被置顶,直接体现于最终的外交政策中。

群体性价值观具有较强的稳定性,中等强国认同、"事大"或者"自主"的价值取向扎根于历史,将长期存在于澳大利亚社会的思维惯性中,并辐射进对华政策。价值观的差异、优先次序的设定,为不同的政策选择保留了空间,增强了既有政策的弹性。总的来说,澳大利亚外交政策制定的结构性要素保持着既有的惯性,它们所达成的平衡在没有大的外力作用下很难被打破。政策制定的基本面决定,对华政策的主要积极因素仍将是经济利益的驱动,澳美同盟关系的优先性、稳固的敌友观念仍将制约着澳大利亚转向更为积极的对华政策。同时,未来15到20年很可能会成为国际格局和国际秩序改变的一个节点。一方面作为全球霸权的美国如果进行战略收缩、回归孤立主义,将对其盟友和对手都产生重要的影响。而现有的"多级"格局当中,中国经济实力和综合国力的提升,已经在改变主要国家之间的力量对比。如果中国在政治和社会保持稳定的前提下,经济总量赶超美国,成为世界第一大经济体,同时在综合国力支撑下,实质性地提升军事实力和国际影响力,对于同样身处太平洋西岸的中等强国澳大利亚将意义重大。在这样一个命运攸关的时间节点,澳大利亚对华政策将承受较强的"变"的压力。

新时代的中国与太平洋岛国关系

徐秀军

中国社会科学院世界经济与政治研究所副研究员

早在 2006 年,中国政府曾明确提出,发展与太平洋岛国的友好合作关系不是中国外交的权宜之计,而是战略决策,中国与太平洋岛国的关系是合作伙伴。[1] 此后,中国与太平洋岛国关系日益深化,太平洋岛国在中国外交战略的地位得到不断重视与提升。

一 中国与太平洋岛国关系进入新时代

(一) 考察中国与太平洋岛国关系的两个维度

从全球视角来看,当今世界已进入全球治理的新时代,中国与太平洋岛国关系应放在全球治理的进程中加以考察。面对世界政治经济的复杂形势和全球性问题,任何国家都不可能独善其身。国际社会日益成为一个你中有我、我中有你的"命运共同体"。太平洋岛国等一些长期处于世界体系边缘的国家也拥有参与全球治理的强烈诉求。

从中国视角来看,中国对外合作已进入"一带一路"建设的新时代,中国与太平洋岛国关系应放在"一带一路"合作框架下加以考察。

---

[1] 温家宝:《加强互利合作 实现共同发展——在"中国—太平洋岛国经济发展合作论坛"首届部长级会议开幕式上的讲话》,《中华人民共和国国务院公报》2006 年第 15 期。

2013年"一带一路"倡议提出以来,与沿线国家共建"一带一路"成为中国对外政策的优先议题和参与全球治理的重要依托。作为沿线国家,太平洋岛国在中国外交战略的地位得到再度提升。

(二) 中国外交中的太平洋岛国的新定位

当前,关于太平洋岛国在中国外交战略上的新定位,主要体现在以下两个方面。

一是相互尊重、共同发展的战略伙伴关系。2014年11月,习近平主席访问斐济期间提出,中国对发展同太平洋岛国关系的重视只会加强、不会削弱,投入只会增加、不会减少,并将中国与太平洋岛国关系定位为相互尊重、共同发展的战略伙伴关系。在此框架下,中方尊重各岛国自主选择符合本国国情的社会制度和发展道路,支持岛国以自己的方式管理和决定地区事务,支持岛国平等参与国际事务、维护自身合法权益。① 由此,中国与太平洋岛国进入战略伙伴关系发展的新时代。

二是海上丝绸之路的重点区域。2015年3月,国家发展改革委、外交部、商务部联合发布《推动共建丝绸之路经济带和21世纪海上丝绸之路的愿景与行动》并提出,"21世纪海上丝绸之路重点方向是从中国沿海港口过南海到印度洋,延伸至欧洲;从中国沿海港口过南海到南太平洋"。② 作为21世纪海上丝绸之路的自然延伸,太平洋岛国无疑是这一倡议的重要组成部分。在"21世纪海上丝绸之路"建设框架下,中国与太平洋岛国之间的战略对接拥有了新的平台,并将由此创造相互合作的新动力。

(三) 中国与太平洋岛国机制化合作的新进展

随着中国与太平洋岛国关系的深入发展,双方合作逐步迈上了机制化轨道,并不断取得一些新的进展。目前,中国与太平洋岛国建立的合

---

① 《习近平同太平洋岛国领导人举行集体会晤并发表主旨讲话》,《人民日报》2014年11月23日。
② 国家发改委、外交部、商务部:《推动共建丝绸之路经济带和21世纪海上丝绸之路的愿景与行动》,《人民日报》2015年3月29日。

作机制主要包括：

一是中国—太平洋岛国经济发展合作论坛。2006年4月，"中国—太平洋岛国经济发展合作论坛"首届部长级会议在斐济楠迪成功举办，中国国务院总理温家宝代表中方宣布了支持岛国经济发展的一系列重大举措。2013年11月，第二届"中国—太平洋岛国经济发展合作论坛"在广州举行。中方在此次讲坛上进一步提出支持岛国重大项目建设、支持岛国扩大对华出口、支持岛国开发人力资源、支持岛国开拓中国旅游市场、支持岛国发展医疗卫生事业、支持岛国发展农业生产、支持岛国保护环境和防灾减灾等政策举措。①

二是太平洋岛国论坛会后对话会。自1989年中国开始受邀出席太平洋岛国论坛领导人会议结束后的对话会后，中国一直积极参与这一对话机制，并为双方关系发展发挥了重要作用。2017年9月，第29届太平洋岛国论坛会后对话会在萨摩亚首都阿皮亚举行，中国—太平洋岛国论坛对话会特使杜起文代表中国政府出席并阐述了中方在气候变化、海洋治理等问题上的立场和主张，提出中方愿继续支持岛国实现经济社会发展。

二　中国—太平洋岛国关系的新机遇

（一）战略对接迈入新阶段

2010年以来，中国领导人同太平洋岛国领导人在双边和多边场合多次举行会见，并就双方关心的地区和国际问题交换意见，加深了彼此之间的了解和信任，并为相互之间的进一步合作奠定了基础。尤其是，2014年习近平主席南太平洋之行，访问斐济，并同其他建交小岛国领导人一一举行会晤，推动双方关系进入新的发展阶段。与此同时，中国与太平洋岛国战略对接迈入新的阶段。

在中国提出"全面建成小康社会、全面深化改革、全面依法治国、

---

① 《汪洋出席中国—太平洋岛国经济发展合作论坛并发表主旨演讲》，《人民日报》2013年11月9日。

新时代的中国与太平洋岛国关系

全面从严治党"战略布局以及"一带一路"建设倡议之际，南太平洋国家也加紧实施发展战略，甚至制定了新的战略规划。在太平洋岛国方面，各国正致力于落实2004年太平洋岛国论坛首脑会议提出的旨在推进地区合作和一体化的"太平洋计划"，促进和扩大南太平洋地区在经济增长、可持续发展、良政建设和安全等领域的合作。此外，斐济等太平洋岛国正在制定国家发展战略。

由此可见，在政治和战略上，当前中国与太平洋岛国之间的相互信任不断加深，并且双方发展战略高度契合，对接空间十分广阔。尤其是在基础设施建设和产能、装备合作方面，具有巨大的合作潜力。

（二）贸易合作拓展新空间

在双方共同努力下，中国与太平洋岛国之间的经贸合作屡屡取得重大突破。尽管目前中国尚未与任一太平洋岛国之间签订自由贸易协定，但双方都积极为促进双方经贸关系创造新的条件。

2013年11月，中国国务院副总理汪洋在第二届中国—太平洋岛国经济发展合作论坛上提出了一系列促进双方货物和服务贸易的措施，例如宣布给予太平洋岛国中的最不发达国家95%的出口商品零关税待遇，为岛国的优势产品进入中国市场创造便利条件，鼓励更多中国公民赴岛国旅游，鼓励航空企业开辟直航线路等。[①] 2014年11月，习近平主席在楠迪同8个建交太平洋岛国领导人举行集体会晤，并宣布支持岛国经济社会发展的一揽子计划，将给予最不发达国家97%税目的输华商品提供零关税待遇。这一政策有利于太平洋岛国扩大出口市场，并提升双方经贸关系。此外，中国与斐济还探讨了签订自由贸易协定的可行性。2016年11月14日至15日，中国和斐济自由贸易协定联合可行性研究第二次工作组会议在北京举行，双方就联合可行性研究报告初稿交换了意见，并就涉及的领域和内容达成共识，为完成联合可研报告奠定了基础。

2017年，中国从太平洋岛屿地区商品进口额为34.73亿美元，同比

[①] 《汪洋出席中国—太平洋岛国经济发展合作论坛并发表主旨演讲》。

增长33.6%，比同期中国商品进口总额同比增长率高16.2个百分点。[①]并且，由于中国向太平洋岛屿地区出口商品额的下降，双方贸易更加平衡。同期，中国对太平洋岛屿地区的商品贸易顺差为13.80亿美元，同比下降37.9%，比同期中国商品贸易顺差降幅高13.1个百分点。

（三）投资合作创造新抓手

"一带一路"倡议提出后，基础设施建设成为中国对外投资合作的重要领域之一。在基础设施建设合作方面，中国相比太平洋岛国拥有资金和技术优势，而太平洋岛国拥有市场和需求，双方合作的互补性很强。并且，中国还出台了一系列新的措施为太平洋岛国基础设施建设提供便利。

2013年11月，中国提出向与建交的太平洋岛国提供10亿美元优惠性质的贷款，用于建设重大生产型项目、基础设施和民生工程。与此同时，中国国家开发银行设立10亿美元专项贷款，用于支持岛国基础设施建设。[②] 2014年11月，国家主席习近平在斐济《斐济时报》和《斐济太阳报》发表题为《永远做太平洋岛国人民的真诚朋友》的署名文章中宣称，中国将继续在力所能及范围内为太平洋岛国提供支持和帮助，鼓励更多中国企业参与岛国投资合作，帮助岛国解决最现实最迫切的问题。[③] 根据中国商务部统计，2016年中国对太平洋岛国直接投资额为43.5亿美元，为2010年的2.4倍。[④]

[①] 数据来自WTO。在统计上，太平洋岛屿地区包括美属萨摩亚、库克群岛、斐济、法属玻利尼西亚、关岛、基里巴斯、马绍尔群岛、密克罗尼西亚、瑙鲁、新喀里多尼亚、纽埃、北马里亚纳群岛、帕劳、巴布亚新几内亚、皮特凯恩群岛、萨摩亚、所罗门群岛、托克劳、汤加、图瓦卢、瓦努阿图以及瓦利斯和富图纳群岛等。

[②] 数据来自WTO。

[③] 《习近平在斐济媒体发表署名文章》，新华网，2014年11月21日。

[④] 商务部、国家统计局、国家外汇管理局：《2016年度中国对外直接投资统计公报》，2017年。纳入统计的太平洋岛国包括库克群岛、斐济、马绍尔群岛、密克罗尼西亚、帕劳、巴布亚新几内亚、萨摩亚、汤加和瓦努阿图。

（四）金融合作增加新平台

2016年1月16日，由中国提出创建的开发性区域金融机构——亚洲基础设施投资银行（以下简称为"亚投行"）开业仪式在北京举行。作为现有机制的补充，亚投行主要业务是为亚太地区国家的基础设施建设提供援助，将致力于解决亚洲地区存在的基础设施建设瓶颈问题。亚投行正式成立并开业，将有效增加亚洲地区基础设施投资，多渠道动员各种资源特别是私营部门资金投入基础设施建设领域，推动区域互联互通和经济一体化进程，也有利于改善亚太地区的投资环境，创造就业机会，提升中长期发展潜力，从而为经济增长带来积极提振作用。

截至2018年5月，亚投行成员已涵盖太平洋岛国中的斐济、萨摩亚、汤加、库克群岛、瓦努阿图和巴布亚新几内亚，并且太平洋岛国作为域内地区将包括在亚投行的业务范围之内。可见，亚投行的成立不仅为中国与太平洋岛国之间的金融与货币合作搭建了新的平台，也将推动中方与太平洋岛国在基础设施建设、贸易与投资等更加广泛的领域开展深入合作，从而为太平洋岛国的发展提供难得的机遇。

（五）人文交流获得新支持

人文交流是"一带一路"的重点领域之一，也是中国与太平洋岛国合作的重要依托。2013年11月，中方宣布在此后4年中为太平洋岛国提供2000个奖学金名额，帮助培训一批专业技术人员；继续为岛国援建中小学校，并提供汉语教学帮助；继续为岛国派遣医疗队，传授抗疟经验和技术；继续派遣农业、渔业专家，支持岛国发展农业生产。这将对太平洋岛国的长远发展发挥积极作用。

三 中国—太平洋岛国关系的新挑战

（一）国家层面：经济社会发展的环境和条件发生了改变

首先，世界经济复苏缓慢制约了中国与太平洋岛国的外部需求。2008年国际金融危机已经过去近10年，世界经济仍然行进在缓慢增长通道。从短期来看，世界经济增长的下行风险仍存，无论是投资、消费还是出口，主要经济体均面临较大的改进压力。而从中长期来看，考虑世界经济增长主要受技术进步与扩散、人力资本、市场规模、制度条件、资源环境约束等变量影响，而这些都不容乐观。在未来较长的一段时期，金融危机前世界经济5.5%以上的增速将以难再现。如不考虑突发性的大型全球灾难，世界经济将趋向更长历史时段增速的回归，即大致维持在3.0%~3.5%的中低速增长区间。同时，多数太平洋岛国经济主要依赖自然资源和渔业资源。但近年来，铁矿石、农产品等大宗商品价格不断下跌，给太平洋岛国经济带来巨大冲击。

其次，中国经济增长速度放缓掣肘双方合作动能。在过去40年间，中国经济的快速增长创造了世界经济史上的奇迹，实现了年均近10%的高速增长。作为世界经济的领航者，中国为世界经济的稳步增长做出了重大贡献。但是近年来，全球流动性宽裕、政府支出扩张和新兴市场的整体繁荣等中国经济较快增长的有利条件均已发生变化，一些长期积累的国内经济结构性问题也使经济的持续增长受到掣肘。中国的经济增长速度放缓，也影响了中国对太平洋岛国产品需求和市场开发。并且，与一些发达国家相比，中国在很多方面还存在很多差距，对太平洋岛国的投入必定十分有限，难以与其他大国进行抗衡，难以完全满足一些岛国发展的需要。此外，与台湾保持"邦交"关系也是横亘在中国与部分太平洋岛国之间的障碍。

（二）区域层面：大国在太平洋岛屿地区对中国的防范加大

21世纪以来，太平洋岛屿地区在经济、安全和外交等一系列领域出现了一些新的形势，使得太平洋岛屿地区逐步成为国际社会中重点关注的地区之一，大国在这一地区的竞争与博弈也随之日益激烈。与此同时，随着中国在这一地区的影响力不断增加，域内外主要大国对中国的防范也日益增加。

太平洋岛国原来一直受到西方国家的影响，对澳大利亚、美国、日本等国的依赖都比较大，由于经济上不够独立，政治上就容易受到他国影响。目前，欧盟、韩国、马来西亚、菲律宾、印尼、印度、英国、法国、日本、美国、中国和加拿大等国家和地区组织均为太平洋岛国论坛会后对话伙伴，并十分关注和积极参与太平洋岛屿地区的发展与合作进程。为了加强与南太平洋地区的联系，一些国家还与该地区建立了双边合作机制。例如，1996年10月，日本和太平洋岛国论坛秘书处联合成立太平洋岛屿中心（PIC），次年成立日本—太平洋岛国首脑会议机制，并且每3年举行一次首脑会议。2003年7月，法国与南太平洋国家合作共同构建了交流与合作的平台——法国—大洋洲峰会，同样每3年举行一次。美国利用其在太平洋岛屿地区拥有领地和属地等优势，也积极介入太平洋岛屿地区事务。

近年来，中国加强了与太平洋岛屿地区的经贸往来，加大了对太平洋岛国的援助。但这些实现双方互利共赢、体现中国责任的行动却受到外界的怀疑。澳大利亚洛伊研究所研究显示，2006~2013年，澳大利亚向太平洋岛屿地区提供了68亿美元双边援助，美国提供了17亿美元，中国提供了14亿美元，其中中国向斐济提供了3.392亿美元，多于澳大利亚提供的2.522亿美元。由此，该项研究认为中国正在南太平洋地区挑战澳大利亚的影响力。[1] 夏威夷大学亚太研究中心主任特伦斯·史密斯（Terence Wesley Smith）对此也表示，中国在太平洋岛屿地区日益增长的影响力正在对澳大利亚、新西兰、美国等该地区一些传统大国构成巨大挑战。[2]

因此，包括澳大利亚、新西兰等域内国家在内的全球主要国家对中国在太平洋岛屿地区日益增长的影响力感到担忧，在合作促进该地区发展的同时也加大了对中国的防范。

（三）全球层面：新兴领域的问题与挑战日益加大

近年来，随着全球气候变暖，海平面上升和海浪侵蚀等灾害对南太平洋地区岛国的生存环境带来了巨大的威胁。应对气候变化由此成为南

---

[1] 《中国加大对南太平洋国家援助被指或挑战澳影响力》，http://finance.huanqiu.com/cjrd/2015-06/6666430.html。

[2] 王泳桓：《中国增加对南太平洋岛国援助，有望超越日本成第三大援助国》，http://m.thepaper.cn/newsDetail_forward_1307394。

太平洋地区各国经济发展与对外合作的优先议题。为此，14个太平洋岛国参与成立了小岛屿国家联盟，呼吁国际社会，尤其是发达国家率先采取行动大幅减排温室气体，同时增加经济和技术援助，支持小岛国应对气候变化问题。

近年来，作为最大的发展中国家，中国不仅在环境治理、节能减排、发展绿色低碳技术等方面取得巨大进步，还在主动承担国际责任，积极参与国际对话，支持发展中国家应对气候变化，推动全球气候谈判、促进新气候协议的达成等方面做出了积极贡献。但由于仍保持较高的温室气体排放总量，中国一直受到部分太平洋岛国的指责。尽管中国为减少温室气体排放做出巨大努力，但与这些国家的要求仍存在一定差距。气候变化问题也因此成为处理与太平洋岛国关系的障碍因素。

四　中国与太平洋岛国关系的前景展望

中国与太平洋岛国政治关系总体稳定、经济互补性日益显现。随着双方伙伴关系的发展与升级以及"21世纪海上丝绸之路"建设的推进，中国与太平洋岛国关系的发展前景广阔。展望未来，中国与太平洋岛国关系将会继续保持良好发展势头。

首先，稳定的政治关系仍将是中国与太平洋岛国关系的基石。2014年11月，习近平主席访问斐济期间，将中国与太平洋岛国关系定位为相互尊重、共同发展的战略伙伴关系。这为双方政治关系的未来发展确定了方向。尽管太平洋岛屿地区国家规模不一、发展阶段迥异、部分国家政治环境复杂，但双方都拥有加强高层交往、增加政治互信、创造良好的政治环境的强烈意愿。为此，中国应着眼于国际政治经济发展大势，把握该地区独特的政治经济环境，充分发挥高层对话的作用，加强在国际事务中的协商与合作，扩大双方在全球和地区问题上的共识，合理照顾彼此在国际社会中的重大关切，寻求更多的利益交汇点，为双方关系的发展营造友好的政治与社会环境。

其次，共同的发展诉求将推动双方经贸合作再迈上新的台阶。当前，国际金融危机的负面影响还没有消除，中国和太平洋岛屿地区的经济复苏仍面临各种挑战，双方经贸合作将是各自经济增长的重要支撑点。随着中国对太平洋岛国免税税目的比例不断提升,中国与太平洋岛国之间的经贸关系将得到进一步发展和深化。并且,一旦中国—斐济自由贸易区谈判取得突破性进展,将对整个太平洋岛屿地区起到十分重要的示范作用,无疑会促进中国与太平洋岛国经贸关系的全面提升。

最后,战略对接的深入将为双方创造新的发展与合作动力。作为21世纪海上丝绸之路的沿线国家,太平洋岛国与中国发展拥有较多的利益契合点,发展战略对接领域的不断拓展和深化不仅能够为双方带来切实利益,还能创造更多的发展与合作机遇。因此,当前应加强"一带一路"与太平洋岛国发展战略的对接并在战略对接的框架下开展一些符合各自战略需要的合作项目,推动双方合作向全方位多层次方向发展。

南太平洋地区的地缘战略价值与中国的南太地缘战略

林利民

国际关系学院教授、博士生导师

南太平洋地区正当连接环太平洋及环印度洋地区数十个国家的十字路口,是沟通太平洋与印度洋的枢纽,其地域海域广阔,资源丰富,有极重要的地缘战略价值,是各相关国家,尤其是美、印、日、澳等相关大国在21世纪的必争之地以及未来国际地缘政治竞争的焦点与前沿。中国应进一步认清南太地区的地缘战略价值及其对中国实现战略崛起、实现中华复兴的"中国梦"、实现海洋强国梦的重要价值,完善南太战略。

一 南太平洋地区的地缘战略重要性

南太平洋地区有20多个国家和地区。广义的南太地区应包括澳大利亚、新西兰两个通常被认定为所谓"西方国家"队列的南太大国,其陆地总面积达850万平方千米,总人口超过3600万。[1] 狭义的南太地区即不包括澳大利亚、新西兰两个已经"西方化"的南太最大经济体的南太21个小岛国家,陆地总面积接近60万平方千米,总人口约1000万人。[2] 其中陆地面积最大的是巴布亚新几内亚,其陆地面积达46万平方千米,甚至超过

---

[1] 2010年统计数据。
[2] 这21个南太小岛国家分别是:美属萨摩亚、库克群岛、法属波利尼西亚、关岛、斐济、基里巴斯、马绍尔群岛、密克罗尼西亚、新喀里多尼亚、纽埃、瑙鲁、北马里亚纳群岛、巴布亚新几内亚、帕劳、所罗门群岛、托克劳、汤加、图瓦卢、瓦努阿图、瓦利斯和富图纳群岛、萨摩亚。

新西兰，其人口约 700 万。即是说，除澳大利亚、新西兰、巴布亚新几内亚三国以外，南太地区其余 20 个小国，总人口约 300 万人，陆地总面积仅有 10 多万平方千米。其中面积最小的岛国是托克劳，仅 10 平方千米；人口最少的岛国是纽埃和托克劳，皆不到 1 万人。总计有 14 个南太平洋岛国的陆地面积不到 1000 平方千米，[①] 有 10 个南太岛国的人口不到 10 万人。[②]

南太平洋这些小岛国尽管陆地总面积不大，总计不到 60 万平方千米，但其散布在南太广大海域，纵横各数千海里，所控制的海域则达数千万平方千米。有些小岛国虽然国土面积不大、人口很少，但其占据的地理位置却极其重要。例如，北马里亚纳群岛虽然陆地面积只有 471 平方千米，总人口不到 10 万，是南太地区陆地面积小与人口少的所谓"双料小岛国"，但其所在的塞班岛、提尼安岛在海洋地理中占据极其重要的位置。二战时期，美、日陆海军曾在此激烈争夺。又如所罗门群岛，陆地面积不算大，人口也不算多，但其所临近的珊瑚海、所罗门海都是闻名二战史的战略性海域，日、美两国航母舰队在此多次展开舰队决战。所罗门群岛最大的瓜达尔卡纳尔岛则是日、美陆海军展开过决战的一处主战场，瓜达卡纳尔岛之战甚至是太平洋战争出现战略转折的重要标志，美军在太平洋战争中由战略防御转入战略反攻就以反攻瓜达卡纳尔岛为标志。[③] 由所罗门群岛往北的巴布亚新几内亚更是日本陆军的"坟场"，在太平洋战争中极有名的莫尔兹比港、拉包尔、布干维尔岛等战略要地都发生过激烈、残酷的争夺战，日本陆海军在这些要地遭遇过惨败，日本联合舰队司令山本五十六就葬身于布干维尔岛。[④] 自 1942 年

---

① 这 14 个面积不到 1000 平方千米的岛国分别是：美属萨摩亚、库克群岛、关岛、基里巴斯、马绍尔群岛、密克罗尼西亚、纽埃、瑙鲁、北马里亚纳群岛、帕劳、托克劳、汤加、图瓦卢、瓦利斯和富图纳群岛。
② 这 10 个总人口不到 10 万的南太岛国分别是：美属萨摩亚、库克群岛、马绍尔群岛、纽埃、瑙鲁、北马里亚纳群岛、帕劳、托克劳、图瓦卢、瓦利斯和富图纳群岛。
③ 〔日〕服部卓四朗：《大东亚战争全史》（上卷），张玉祥等译，世界知识出版社，2016，第 509~521 页。
④ 〔日〕服部卓四朗：《大东亚战争全史》（中卷），张玉祥等译，世界知识出版社，2016。

7月入侵巴布亚新几内亚东部的日军第18军,总兵力曾高达14万人,但到1945年8月日本投降时,仅余1.3万残兵败将,其中将司令官也以自杀"谢罪"。①

在21世纪,南太平洋岛国的地缘战略价值可从交通、经济与资源、海洋战略等方面重新加以认识。其一是海上交通枢纽价值。南太平洋岛国位于连接太平洋与印度洋世界大洋"绝对中央"位置,是沟通南北美与西太平洋沿岸各国及与印度洋沿岸各国海上交通线与航空交通线要津。二战时期,日本发动太平洋战争,企图全面占领西南太平洋及中太平洋各岛屿,即如今的太平洋诸岛国,其战略目的之一就是切断美澳交通线及由美国西海岸通往印度洋、波斯湾的海上交通线,阻止美国向包括中国、苏联等反法西斯前线国家运送军援物资。其二是经济与资源价值。南太平洋岛国虽然除澳大利亚及新西兰外,大多经济不发达、小国寡民、市场有限,但其蕴藏大量资源,不少资源是陆地国家所缺乏的。如巴布亚新几内亚的铜与森林都极其丰富。这些小岛国大都面积不大,但拥有漫长的海岸线和广阔的专属经济区,且大多处于待开发状态,具有发展海洋经济的极大潜力。其三是战略价值。除前述海空交通枢纽所由产生的直接军事价值外,南太平洋岛国靠近赤道,海域辽阔,在深空深海开发日益成为国际科技和战略竞争前沿的21世纪,就成为大国搞航天、深空开发的重要观测站点和基地选址,也成为各大国远洋海军进行远航训练、驻屯的重要场所。

正因为南太平洋地区具有极大的地缘政治价值、经济与资源价值以及军事战略价值,美、日、印、澳等相关大国均有争夺太平洋岛的地缘战略计划,并制定了相应的南太地缘战略。美国多次召开美国与南太平洋岛国联络会议,曾任奥巴马政府国务卿并在2016年竞选过美国总统的希拉里就对美国控制南太岛国情有独钟,在其设计的美国"重返亚太"地缘战略规划中,南太就占有突出位置。日本企图以建立"海洋国家民主同盟"及"美印日澳"同盟的方式控制南太岛国,实现其二战时

---

① 〔日〕服部卓四朗:《大东亚战争全史》(下卷),张玉祥等译,世界知识出版社,2016,第1352页。

期未能完成的"南太梦",并向南太不少岛国进行了大量战略投入,包括向一些南太岛国提供大量经济援助和投资,开发其市场与资源。印度近年来也加紧渗入南太地区,澳大利亚更是把南太地区视为自己的独占"势力范围"和战略后院,这在一定程度上是在南太搞澳式地区霸权。

二 中国在南太地缘战略利益分析

认识中国在南太平洋诸岛国的地缘战略利益,需要结合21世纪实现中华民族复兴的崛起目标与"中国梦"、结合"一带一路"倡议以及结合中国倡导的"人类命运共同体"构想等战略目标与理念、理想,以及结合分析由中国的特殊国情所决定的强项与短板等,进行综合思考。因此而论之,中国在南太平洋地区的地缘战略利益可归纳为以下几项。

第一,南太平洋诸岛国对中国联通世界的海空交通线有重要地缘战略价值。中国是世界上第一大贸易体,每年货物贸易总量超过4万亿美元,其中绝大部分依靠海运,而经太平洋和印度洋往来于中国的海上运输尤其具有举足轻重的意义。南太地当太平洋与印度洋的结合部,是环太平洋与环印度洋各国往来交通线的"十字路口",是其中不少国家与中国实现海上"互联互通"的交叉点,中国海外贸易的不少运输线路都要走南太航线。

第二,南太平洋诸岛国对于中国实现长期增长目标具有重要的资源与市场价值。中国是世界上头号制造业大国,也是世界上最大的原材料进口国。正是巨大的海外原材料进口,包括石油、煤炭、铁矿石、木材、粮食、各类有色金属矿产品的进口等,支撑着中国的制造业发展,进而支撑中国的头号出口大国地位以及支撑中国长期的快速经济增长。南太地区资源丰富,是中国进口原材料的重要来源地。澳大利亚的煤与铁矿石、铀与铬以及粮食,巴布亚新几内亚的铜及木材等,新西兰的奶制品、牛羊肉以及一些南太岛国的海产品,近年来都是中国同类产品的主要进口来源,对支持中国长期经济增长尤其有重要意义。

第三,南太平洋诸岛国可以成为中国以合作方式开展海洋经济开发的潜在增长基地。一方面,中国有13亿人,海岸线及可养殖海域面积有限,满足不了对海产品的快速增长消费需求,但中国开发如海洋养殖等海洋经济，在技术、资金、人力等方面有一定优势；另一方面，南太平洋诸岛国"海广人稀"，人均海岸线及人均海域面积均大大高于中国，且其还各自拥有巨大的海洋经济区，但这些国家经济不发达，技术落后，资金不足，有巨大的海域和海上经济区都处于待开发状态。中国如能与南太平洋诸岛国开展海洋经济开发合作，以中国的人力、技术和资金及巨大的市场需求与这些南太岛国极为广阔和待开发的海洋资源相结合，无论以租让、投资还是合营方式从事海洋经济开发，尤其是开展海洋养殖业等，都将使双方受益，既满足了中国巨量海产品的国内需求，又促进这些国家经济的起飞。

第四，南太诸岛国是中国新的投资场所，也是中国新的出口市场以及旅游目的地、海外移民目的地。在投资方面，这些国家普遍经济发展落后，缺乏投资和经营积极性，而中国有巨大的外汇储备待找出路，大量的民间资金也在找出路。在出口市场方面，这些国家工业发展落后，国内市场狭小使其独立的产业难以发展起来，主要工业品大都依赖进口，而中国是世界上最大的工业品生产国。在旅游与移民方面，近年来中国每年出境游的公民数已超过1亿，其中不少人都愿意去风景秀丽、空气清新的海岛国家，马尔代夫成为中国公民出境游的热点就是证明。近年中国公民前往南太岛国，如斐济、汤加、巴布亚新几内亚、澳大利亚等地旅游的人数呈快速上升趋势。中国公民向南太岛国移民的趋势也在上升。

第五，南太平洋岛国对中国发展远洋海军及提高海外投送能力以及深海、深空开发有重要战略价值。历史上的中国是陆上强国，海上军力发展长期得不到重视。进入21世纪以来，中国开始重视远洋海军的发展和建设，中国第一艘航空母舰已经服役，第二艘、第三艘正在建设过程中。远洋海军不能只在近海活动，须在远洋进行训练、航行以及有海外基地。南太地区提供了中国海军进行远洋航行、训练和活动空间，也是中国建立海外基地的潜在地域。此外，中国进行深空开发，也需要在南太地区寻找合作伙伴。

第六，南太是中国大陆与台湾进行"海外空间拉锯战"的重要场所。台湾目前20个左右的"邦交国"，在南太也有分布。南太一些岛国由于国家小、人口少，容易被台民进党当局用金钱"搞定"，今后这里仍将是两岸进行"海外空间拉锯战"的场所。

第七，中国倡导的"一带一路"倡议，尤其是"21世纪海上丝绸之路"需要向南太平洋地区延伸。实际上，"一带一路"以及"21世纪海上丝绸之路"从来就是开放式的，不限地域。既然南太平洋地区能向中国供给如此多的地缘战略利益，则中国没有理由不把"一带一路"与"21世纪海上丝绸之路"向南太拓展。而南太平洋不少国家，包括澳大利亚和新西兰等，都对加入"一带一路"和"21世纪海上丝绸之路"持积极态度。

三 如何推进中国在南太地区的地缘战略利益

要实现中国在南太地区的地缘战略利益，以满足中国21世纪实现中华民族复兴的崛起目标，实现"中国梦"，实现"一带一路"倡议，以及实现中国倡导的"人类命运共同体"等战略目标与理念，如下措施是必要的。

第一，要求我们明确中国在南太地区的地缘战略目标，这些目标包括使南太国家坚持一个中国政策，坚持对中国普遍友好，对来自中国的投资、进出口贸易、海洋开发合作、移民与旅游以及中国军事力量在南太地区的进出等持欢迎态度，以确保中国在南太的海上交通线安全保障利益、资源与市场利益、投资利益、海洋经济开发利益、旅游与移民利益和军事战略利益等。

第二，要有全盘规划。南太岛国大都是"嘬尔小国"，任何一国在南太某一个单一小岛国的利益需求都很有限，因而很容易忽视，很多国家都不愿意在这些岛国"深耕"，一些大的公司也是如此，因为形不成规模效益。这是劣势，也是机会。对中国而言，在南太平洋诸岛国要有"江河不弃细流"的大战略思维。由于南太平洋诸岛国都是"嘬尔小国"，以我国之大，很多具体的经营，如投资、旅游、"耕海"等，很难由国家层面甚至也难以由国企主导，更可能是由私企出面。这更要求"政府搭台、私商唱戏"，因而要求政府从"南太一盘棋、一个岛国也不落下"的大思路，制定推进南太地缘战略、实现南太地缘战略利益的整体规划。

第三，积极开展大量有亲和力的外交活动，包括公共外交等，在这方面，要借助我国在南太地区华侨华人存在的影响力，也可借助我国在南太地区游客的影响力。同时，必要的官方援助，定期不定期地与南太诸岛国举行以中国为一方、以南太岛国为另一方的高级别对话会也是一个好办法。

第四，要突出重点，与"一个岛国也不落下"相结合，这要求有综合性的地缘战略思想做指导。在南太诸岛国中，巴布亚新几内亚占有突出位置。巴布亚新几内亚是南太第二大国家，其陆地面积及总人口均超过新西兰，也超过南太其余小岛国领土与人口之和，资源极其丰富，有丰富的森林资源和矿产资源。其地理位置也极其重要，扼印度洋通往太平洋及通南海的要冲，珊瑚海、俾斯麦海、所罗门海等战略性海域均在其近侧。但其发展滞后，有极大的发展空间，其领导人也有发展雄心。中国在对南太岛国的外交及经济政治活动全面开花的同时，要着重发展与巴布亚新几内亚的全面关系，使之成为中国发展与南太岛国关系的样板与基地。

第五，认清中国的短板及中国在南太的地缘政治竞争对手与竞争压力，对症下药。中国近年来才把南太平洋岛国作为一个整体纳入中国的和平发展战略与安全战略思考之中，在南太地区不可避免会遇到一些老牌地缘政治竞争对手，尤其是美、日、澳、印以及英、法等。一些南太岛国曾分别是美、英、法等国殖民地，与这些国家渊源很深。日本在南太长期经营，也有根基。澳大利亚更把南太视为其"后花园"，并不乐见中国在南太地区扩大影响。因此，中国要实现在南太地区的地缘政治目标，既要准备与这些国家竞争，也可以与其开展合作，具体如何操作，则要因时因势而论。

专题报告三：
亚太地区合作与"一带一路"建设

西方国家对中国的看法，特别是对"一带一路"倡议的看法

柯林·麦克拉斯（Colin Mackerras）

格里菲斯大学名誉教授

本文考察了西方，特别是澳大利亚目前对中国的看法。它优先考虑了对"一带一路"倡议的看法。习近平主席于 2013 年 9 月在哈萨克斯坦首都阿斯塔纳阐述了"丝绸之路经济带"，并在接下来的一个月在印度尼西亚议会上提出共同建设"21 世纪海上丝绸之路"，"一带一路"是"丝绸之路经济带"和"21 世纪海上丝绸之路"的简称。

"一带一路"的"带"通过陆路铁路、高速公路、管道等连接欧亚大陆，而"路"旨在通过港口和其他海上基础设施将中国与东南亚、南亚和非洲连接起来。目前，一份有书那么厚的英文研究报告评论"一带一路"说："它可以说是有史以来最雄心勃勃的发展计划，从南海延伸到欧亚大陆。"[1]

本文认为，随着中国的崛起，西方对中国的印象正在恶化，这在很大程度上是因为西方看到了中国对其霸权的挑战，而且并不欢迎中国在影响力方面和西方的竞争。换句话说，西方政治在其中国印象中扮演着重要角色；观众所看到的东西或多或少取决于他/她的偏见、经验、意识形态和个性。

本文还认为，BRI 是世界权力、财富和影响力的平衡发生重大和长

---

[1] Tom Miller（2017），*China's Asian Dream, Empire Building along the New Silk Road*, London: Zed Books, p.30.

期转变的一部分。跟西方许多人想法不同的是,这不是一种新的殖民主义或统治形式。它可能会遇到许多问题,但在未来几十年内,它有潜力为大部分人类带来有益和更加繁荣的未来。

一 "中国威胁论"死灰复燃

不幸也很不公平的是,在美国和澳大利亚"中国威胁论"死灰复燃。同时,美国人总体上对中国的看法也更加负面。2017年2月10日的皮尤研究中心报告表明,美国对中国的负面看法从2006年的29%上升到2016年的55%。其他调查也支持了这个论据。

其中一个"中国威胁论"的证据来自美国国会。众议院常设情报委员会于2018年5月17日举行公开听证会,主题为"中国的全球军事扩张",出席这个听证会的人很多都有危言耸听的观点,比如"中国既是军事威胁也是经济威胁"。

华盛顿甚至还有一个单独的国会委员会,试图证明中国在西方国家的影响力构成了对民主的威胁。共和党参议员马克·卢比奥(Marco Rubio)是推动这一想法的主要人物之一,他表示,"美国、澳大利亚和其他志同道合的国家必须应对中国的长臂及其对我们开放的民主制度构成的日益严重的威胁"。[①] 当然,这种想法在美国并不普遍,但实际建立政府委员会的想法在我看来非常具有挑衅性,也很恶毒。有人认为,这个委员会体现了中国在美国日益恶化的形象。

在澳大利亚,公众态度是分裂的。一方面,由于经济联系,澳大利亚人认为中国与美国几乎同样重要。另一方面,"对中国的恐惧"似乎在增加。2017年,位于悉尼的独立智库洛伊研究所发现"近一半的澳大利亚人(46%)"认为"中国将在未来20年成为对澳大利亚的军事威胁"。然而,从更积极的方面去看待这个事情的话,我想指出离20年还有一段时间。此外,该调查还补充说,"尽管他们担心,大多数澳大利

[①] Cameron Stewart (2018), "Australian Universities Fear Offending Chinese Backers: Clive Hamilton," *The Australian*, April 27, https://www.theaustralian.com.au/higher-education/australian-universities-fear-offending-chinese-backers-clive-hamilton/news-story/984a9cdadc8f9f7b1d16d47a8d1645cd.

亚人（79％）继续将中国视为经济伙伴而不是军事威胁"。①

自 2017 年中期以来，澳大利亚越来越多地开始攻击中国在澳大利亚政治和大学中影响力的增长。与美国不一样，这种趋势并不是普遍的看法，但它已经得到了大量的宣传，并且已经强大到足以损害澳中关系。其中最极端的表现是克莱夫·汉密尔顿（Clive Hamilton）的一本名为《无声入侵》的书，②该书于 2018 年 3 月出版，认为中国有一项长期计划，通过"无声入侵"来破坏澳大利亚的民主。汉密尔顿是一位学者，但不是中国问题专家。在他试图诋毁中国对澳大利亚的影响力时，他甚至出现在上述美国国会委员会面前。③

对汉密尔顿的大部分书评都是负面的，这里是最好的一篇里面的部分评论：

> 到目前为止，澳大利亚失去"主权"一直是辩论中常见，或者灾难性的一个观点。在这里，汉密尔顿为我们指明：书中的"入侵"并不仅仅是表面辞藻。中华人民共和国正在奠定有朝一日对我们国家提出领土要求的基础。如果没有注意到作者"先见之明"的警告，那么你就"将看到澳大利亚成为复兴的中土之国的附属国家"。④

---

① Michael Fullilove and Alex Oliver (2017), "Almost Half of Us Fear China Could Become a Threat," *The Australian*, June 21, https://www.theaustralian.com.au/opinion/almost-half-of-us-fear-china-could-become-a-threat/news-story/01ae3b547985a0a26a798b77cc4fcd10.

② Clive Hamilton (2018), *Silent Invasion*, *China's Influence in Australia*, Richmond, Victoria: Hardie Grant Books.

③ Cameron Stewart, "Australian University Fear Offending Chinese Backers: Clive Hamilton."

④ David Brophy (2018), "David Brophy Reviews' Silent Invasion: China's Influence in Australia' by Clive Hamilton," *Australian Book Review*, April, No. 400, https://www.australianbookreview.com.au/abr-online/current-issue/4663-david-brophy-reviews-silent-invasion-china-s-influence-in-australia-by-clive-hamilton.

布洛菲（David Brophy）将汉密尔顿的观点描述为"麦卡锡主义宣言"，让我们毫不怀疑他认为整个论点是不可持续、缺乏证据的。

我们可以引用另一个澳大利亚媒体对中国形象的描述，它对中国崛起提供了一种不同的看法。令人惊讶的是，这个形象描述虽然很挑剔，但总的来说对中国是正面的描述。而且，它来自一个右翼的、在澳大利亚以保守主义闻名的报纸——《澳大利亚人》。作者布拉姆斯顿（Troy Bramston）是该报的主要通讯员和专栏作家。

克莱夫·汉密尔顿的《无声入侵》充满了夸张和未经证实的主张。它反映了20世纪50年代和60年代的"黄祸"仇外恐慌。我们需要有更多基于事实和清醒的分析。①

布拉姆斯顿呼吁与中国接触，而不是让遏制政策复兴。他辩道，澳大利亚不能盲目跟随美国，"在这个充满挑战的时刻，澳大利亚与中国关系的恶化令人震惊。改善与中国的关系必须成为优先事项"。②

他对汉密尔顿的批评是有力的，而且在我看来完全正确。我也完全同意他的观点，即在这场争议之后澳中关系恶化得令人震惊，必须立即采取强有力的措施来改善关系。

二 "一带一路"倡议的西方形象

我们接下来转向讨论"一带一路"倡议的形象，这是西方对中国印象非常重要的一部分。从一个我大致同意的广泛的印象开始说。它来自意大利汉学家方济各·郗士，他不仅是历史评论家，而且是当代中国的评论家。

"一带一路"倡议是一场地缘政治革命，每个人都有大量回旋

---

① Troy Bramston (2018), "As China Veers towards Dictatorship, We Must Learn to Work with It," *The Australian*, April 14, https://www.theaustralian.com.au/opinion/columnists/troy-bramston/as-china-veers-towards-dictatorship-we-must-learn-to-work-with-it/news-story/641eb906df6def457f9c925792d7e948.

② Bramston, "As China Veers towards Dictatorship, We Must Learn to Work with It".

余地。正如哥伦布发现美国之前一样，它开始带回以欧亚大陆为中心的政治，而这必须得包括美国。这非常重要并且非常有意义，因为它重新打开了几个世纪以来首先因为旧土耳其（奥斯曼帝国）扩张然后因为冷战而关闭的路线。新的列车技术使人们和货物通过广阔的大陆移动变得可行。这创造了重塑世界经济的巨大新商机。①

这段话值得被摘录出来，因为它呈现出来的是大局观。

首先，我想说明克里斯托弗·哥伦布并没有真正发现美国，许多人在他的时代之前就已经知道了。他所做的是开始连通欧洲和美洲大陆。事实证明，这在世界历史上具有极大的影响力。它导致了美国和美洲大陆许多其他国家的创立，并传播了西班牙、葡萄牙、英国、法国和其他欧洲国家的影响力。

当郗士观察到土耳其奥斯曼帝国的兴起和蔓延阻挡了前丝绸之路穿越欧亚大陆时，他暗指这个重要的历史发展在几个世纪的时间里减少了欧洲和中国之间的接触。当然，冷战意味着欧洲（俄罗斯以外）和中国的陆路接触减少了。如果这种趋势发生逆转，且欧亚大陆恢复相互联系，那将产生巨大的经济和文化影响，并无法估计地增加中国的影响力。

习近平主席在 2017 年 5 月举行的首届"一带一路"国际合作高峰论坛上跟进了 2013 年的提议。许多世界领导人出席了会议，大多数人的反应是积极的。在西方，大多数人从经济角度来看都很积极。一些人与马歇尔计划进行了比较。马歇尔计划是美国的一个倡议，让欧洲经济从第二次世界大战所造成的破坏中恢复过来。② 其他人接受了中国推动

---

① Francesco Sisci（2017），"Trump-Xi Summit. What's at Stake," limes Revista Italiana di Geopolitica，March 27，http：//www.limesonline.com/en/trump-xi-summit-whats-at-stake? refresh_ ce.

② Andrew Browne（2018），"China Builds Bridges and Highways While the U. S. Mouths Slogans," Wall Street Journal，January 30，https：//www.wsj.com/articles/china-builds-bridges-and-highways-while-the-u-s-mouths-slogans 1517308205? mod = cx_ picks&cx_ navSource = cx_ picks&cx_ tag = contextual&cx_ artPos = 2# cxrecs_ s.

的双赢口号，并敦促美国和其他西方公司参与其中。一位美国记者在江苏省徐州市写道，"西方公司正积极争取参与到一部分行动里来"①。

至于因为"一带一路"倡议产生的新基础设施，大多数西方评论员表现出积极或非常积极的态度。之前那位去徐州采访的记者评论说：

> 作为丝绸之路经济带的重要组成部分，中国"一带一路"行动的陆路部分，直达货运列车现在连接着中国和欧洲越来越多的城市。随着航线选择、性能和海关协议方面的重大改进，跨大陆的铁路运输将要复兴。②

另外，也有许多人对此持怀疑态度。许多人认为"一带一路"倡议的组织效率太低，不可持续；涉及的主要国家不够坚定或者经济能力不够，无法实现这个倡议。有人抱怨说，有些货运列车从中国到欧洲的时候装得满满的，但是回到中国的时候就只有一半，这意味着经济效率低下和缺乏平衡。据一位西方学者称，中亚各国政府可能会喜欢"一带一路"倡议，但许多普通民众认为中国的经济扩张是"不可避免但有害的"。③ 这些中亚人对中国公司自带工人这点表示不满，认为这使得当地人在就业方面获得的收益很少。

三 "一带一路"倡议的某些政治形象

许多西方人越来越不在意中国在世界事务中的影响力，特别是通过"一带一路"倡议产生的影响。例如，上面给出的郗士的引语显示，他不仅预测复兴的中国和"一带一路"倡议会有光明前景，而且认为它们

---

① Keith Bradsher (2018), "U. S. Firms Want In on China's Global 'One Belt, One Road' Spending," *New York Times*, May 14, https：//www.nytimes.com/…/china-one-belt-one-road-us-companies.html.

② Wade Shepard (2016), "Why the China-Europe 'Silk Road' Rail Network Is Growing Fast," *Forbes*, January 28, https：//www.forbes.com/sites/wadeshepard/2016/01/28/why-china-europe-silk-road-rail-transport-is-growing-fast/#4d58c25c659a.

③ Miller, *China's Asian Dream*, p. 81.

对世界有益。许多人分享了中国从屈辱的时代走向国家和人民对自己更自信的时代的喜悦。

与此同时，西方对中国的崛起及其"一带一路"倡议也存在一定程度的焦虑。在政府层面，欧洲相当分裂，东欧对"一带一路"倡议的热情远远高于西欧。希腊也是热情接纳"一带一路"倡议的欧洲国家之一。

但是，德国是表达疑虑的国家之一。例如，在2018年2月的慕尼黑安全会议上，西格玛尔·加布里尔（Sigmar Gabriel）在他作为外交部长的最后一次演讲中对"一带一路"倡议做了比较批判性的评价。他说：

> 这条新丝路的倡议不像德国的一些人所认为的那样，是对马可·波罗的情感再现。更确切地说，它代表着建立一个以中国利益塑造世界的综合体系的尝试……它不再只是关于经济：中国正在开发一种西方以外的综合系统，与我们的模型不同，它不是基于自由、民主和个人人权。[1]

他接着说他不是在谴责中国，因为它"是目前世界上唯一一个拥有真正全球性、地缘战略理念的国家"。他认为中国有权发展这样一个概念。他认为西方应该对未能制定自己的战略或"寻找新的全球平衡"负一些责任。[2]

在美国这个并不热衷于"一带一路"倡议并且认为中国是自身雄心壮志的竞争对手的国家，"中国威胁论"的复兴导致"一带一路"倡议在其国内具有相当负面的政治形象。澳大利亚也是如此。但是，注意到一些其他形象也是重要的。例如，上文引用的特洛伊·布拉姆斯顿提出的保守主义观点实际上对中国"一带一路"倡议非常正面。

---

[1] Nick Miller (2018), "China Undermining Us 'with Sticks and Carrots': Outgoing German Minister," *Sydney Morning Herald*, February 19, https://www.smh.com.au/world/europe/china-undermining-us-with-sticks-and-carrots-outgoing-german-minister-20180219-p4z0s6.html.

[2] Miller, "China Undermining Us."

通过其1万亿美元的"一带一路"倡议,中国正在欧洲、非洲和亚太地区投资基础设施建设。澳大利亚不是正式的签约国,但新西兰是。许多其他亚太国家也欢迎增长的中国贸易和投资。这可能是中国不断扩大的全球利益中最重要的方面。①

对"一带一路"倡议的态度是西方对中国崛起一系列印象的一部分。在我看来,崛起并不等于威胁。但对于西方的一些人来说,这两个之间有联系。

四 为什么西方容易如此负面

我们有理由问为什么西方对能想象会带来普遍益处的提案持负面态度。我认为基本原因和西方及中国都有关联。一种形象以及人们的想法涉及大量政治。② 简单来说,如果你是老大,那就不想做第二。西方霸权正在受到挑战。

西班牙、葡萄牙的崛起和15世纪后期开始的欧洲和美洲大陆的互联标志着西方国家相比世界其他国家来说的权力的增长。西欧的启蒙运动和工业革命促成了现代世界的产生,以及资本主义的繁荣。这一历史进程给予了西方一种优越感。这种现象从19世纪至20世纪上半叶的帝国主义和殖民主义的形式可以明显看出。

这种优越感和由此带来的种族主义经历了挑战,例如第一次世界大战,至今仍然远未消亡。这意味着西方倾向于将自己视为价值观、道德行为的标准。西方人倾向于根据自己对普遍主义的看法来判断他人。当然,不是每个人都这么想。西方人群中有很多不同观点。但在我看来,人们倾向于认为西方比其他地方更好、更富有、更有成效、更民主、治理得更好,因此应该更有影响力和更强大。这就是为什么中国为自身的改善所做的任何事情都可以很容易地被解释为对西方以及它代表成就的威胁。

---

① Bramston, "As China Veers towards Dictatorship, We Must Learn to Work with It".
② 这个概念在这本书中有更详细阐述:[澳]马克林:《我看中国:1949年以来中国在西方的形象》,中国人民大学出版社,2013。

五 当代历史的大局：中国的崛起和"一带一路"倡议

自从我在 20 世纪 60 年代中期首次来到中国生活以来，我见证了这里的巨大变化。这种转变的一个重要方面是世界权力和影响力的平衡发生巨大变化，实质上是权力和影响力渐离西方，转向中国或者其他国家。西方可能仍在崛起，美国仍然是军事最强大的国家，但是变了的是平衡。

在这个世界上，以美国为基础的全球化几乎没有完成，而且正处于退却状态，而以中国为基础的全球化正在上升。特朗普正在为撤退做出贡献，但他是表面上的，不是根本的。这个大趋势已经持续了一段时间，我认为它能持续下去。特朗普说他想"再次让美国变得伟大"，但我怀疑历史的潮流是对他不利的。

至于"一带一路"倡议，它是有利于中国全球化崛起的趋势的主要贡献者。这是因为正如郤士在本文前面的引文中所说的那样，它重新开放了整个欧亚大陆从中国到西方和非洲的陆路交流。这是中国影响力的重要推动力。更重要的是，它是欧亚大陆及其他地区重建商业、商品交流和思想交流以及经济增长和繁荣的重要力量。

这可能是对西方霸权的挑战，但它是否值得担忧？对我来说，答案是否定的。我没有看到中国将从影响到控制再到殖民化的迹象。

在我看来，许多西方理论家因为欧洲和美国的经历，认为中国是一种新形式的殖民国家。我们以英国和印度为例。在印度，首先有私人公司（英国东印度公司）的投资和影响，该公司后来拥有了和英国官方军队不同的私人军队。之后，英国的影响力和控制力一直在上升，直到 1857~1858 年"印度叛乱"（英国的称呼），随后这块大陆成为殖民地，英属印度出现了，维多利亚女王成为印度女皇。

但是从中国历史并不能看出它会从影响转向控制一个国家。令人惊讶的是，西班牙和葡萄牙在进行了长途航行之后，开始对美洲和其他地方的征服和控制，但几十年前郑和的航行没有带来这样的征服。许多中国人出于各种原因出国，例如到现在的印度尼西亚和马来西亚，但中国从未派出军队进行征服。

当然没有人知道未来。过去是未来的指南，但不是一个非常可靠的指南。然而，当前时代非常引人注目的是，在美国总统特朗普谈到"美国第一"时，中国国家主席习近平谈到的是"人类的共同未来"。习主席谈的不是"中国第一"，而是一个双赢的局面，不仅仅是一个国家。

所有这一切告诉我们的是，创造更美好未来的机会是好的。历史和现在的迹象表明，中国不会效仿欧洲大国，在受"一带一路"倡议影响的国家或其他任何地方建立殖民政府。所以我乐观地认为，在接下来的几十年里，"一带一路"倡议将为参与该计划的所有人带来多重好处。

促进"一带一路"沿线国家间接征收条款的现代化
——澳大利亚的外国投资协定作为投资安全典范的适用性

沃里克·古莱特（Warwick Gullett）

伍伦贡大学法学院和澳大利亚国家海洋资源与安全中心教授

王玉琮 （Yucong Wang）

日本九州大学法学院法学博士候选人

征收是外国投资者长期关注的问题。征收发生于外国投资者所投资的财产被东道国利用或因东道国监管措施的影响而大幅贬值的时候。东道国对外商投资者可以进行直接或间接征收。直接征收通常是"公开的且有意的，东道国会直接没收外商所投资的设施或要求强制转让该设施的所有权"[1]。相反，间接征收可能发生在更复杂或晦涩的情况下，即虽然外国投资者在法律上仍然拥有所投资财产的所有权，但其无法从中获益。由于需对外国投资者进行补偿，现在很少有东道国会采取直接征收这一措施。但是，间接征收时有发生。

间接征收通常是"东道国全部或几乎全部剥夺外商所投资的财产，但不涉及正式转让所有权或对其进行直接没收"[2]。与直接征收相比，间接征收的定义并不明确，并且在个例中很难被判定。这主要是因为东道国的活动表面上是为了在法律改革和商业管理的正常过程中规范国内事务，而不是为了征收外商投资的财产。双边投资协定、自由贸易协定（FTA）中的投资条款以及仲裁裁决都无法清楚地阐明间接征收的

---

[1] P. Isakoff (2013), "Defining the Scope of Indirect Expropriation for International Investments," *Global Business Law Review*, No. 3.

[2] UN (2012), *UNCTAD Series on Issues in International Investment Agreements II, Expropriation: A Sequel*, http://unctad.org/en/Docs/unctaddiaeia2011d7_en.pdf.

定义或呈现一种判定其发生的方法。这意味着很难从不可补偿的、合法的国家监管措施中将间接征收区分出来。东道国和外国投资者都不确定何时会发生间接征收。这种困境阻碍了外国投资的最大化。

"一带一路"倡议的巨大规模以及其对投资的强调意味着间接征收对商业担保构成威胁，而商业担保是一种全面的、互补的贸易和投资合作战略。尤其是当投资集中在大型基础设施项目上时更是如此。本文综述了"一带一路"倡议并且回顾了中国与"一带一路"沿线国家签署的双边投资协定中的间接征收条款。由此明确了间接征收所存在的不足之处，然后与澳大利亚最近签署的投资协定（人们认为其提供了一种更有用且更现代化的方法）进行了比较。

一 "一带一路"倡议与间接征收所存在问题

"一带一路"倡议包括"丝绸之路经济带"和"21世纪海上丝绸之路"，由中国国家主席习近平于2013年提出。① 这一宏伟工程旨在将陆上和海上连接起来，很快得到了许多国家和国际组织的积极支持。② 2015年3月28日，中国国家发改委、外交部、商务部联合发布了《推动共建丝绸之路经济带和21世纪海上丝绸之路的愿景与行动》（以下简称"一带一路"愿景与行动文件）。③ "一带一路"倡议将中国与64个国家（东南亚有11国，南亚有7国，中亚和西亚有11国，中东和非洲有15国，中部和东欧有20国）联系起来，目前该倡议的潜在影响更为广泛。"一带一路"愿景与行动文件表明："该倡议坚持开放合作。'一

---

① Jinping Xi (2014), The Governance of China, 289.

② See Keynote Speech by Chinese Foreign Minister Wang Yi for the 17th "Lanting Forum", http://www.fmprc.gov.cn/web/ziliao_674904/zyjh_674906/t1386726.shtml. He stated: "More than 70 countries and international and regional organizations have expressed their willingness to support and take part in the construction of OBOR … 34 States and international organizations have signed inter-governmental cooperation agreements on jointly building OBOR."

③ National Development and Reform Commission, *Vision and Actions on Jointly Building Silk Road Economic Belt and 21st-Century Maritime Silk Road*, http://en.ndrc.gov.cn/newsrelease/201503/t20150330_669367.html.

带一路'相关的国家基于但不限于古代丝绸之路的范围,各国和国际、地区组织均可参与,让共建成果惠及更广泛的区域。"中国以 400 亿美元的启动资金成立了亚洲基础设施投资银行来支持"一带一路"倡议。① 主要的海上丝绸之路通道是向西穿过印度洋到达非洲,然后到达地中海,最后至欧洲;但也会建设一条向北的运输通道以及通往大洋洲和南太平洋的南向通道。

外国投资在"一带一路"倡议的实施中起着至关重要的作用。"一带一路"愿景与行动文件表明:"投资贸易合作是'一带一路'建设的重点内容。宜着力研究解决投资贸易便利化问题,消除投资和贸易壁垒,构建区域内和各国良好的营商环境。"中国的投资已经达到惊人的数额。例如,中华人民共和国商务部称,2016 年,中国对"一带一路"沿线 53 个国家直接投资 145.3 亿美元,2017 年,中国企业共对"一带一路"沿线的 59 个国家非金融类直接投资 143.6 亿美元。②

大规模投资巩固了"海上丝绸之路"愿景。中国国家发改委与国家海洋局联合发布《"一带一路"建设海上合作设想》。③ 该文件聚焦于加强海上合作,共同建设通畅安全高效的海上大通道,致力于推动联合国制定的《2030 年可持续发展议程》在海洋领域的落实,以及共走绿色发展之路。这表明中国希望"推动建立全方位、多层次、宽领域的蓝色伙伴关系",并呼吁"改善投资环境"。④ 一项已采取的措施是设立中国—东盟海上合作基金来促进金融投资。

围绕"海上丝绸之路"的发展设想了一系列潜在的聚焦于海洋的项目。包括港口建设和运营,完善航运服务网络,建立海洋产业园区,实

---

① 《"一带一路":国家战略的重大创新》,http://news.xinhuanet.com/world/2016-09/07/c_129272136.htm。

② http://fec.mofcom.gov.cn/article/fwydyl/tjsj/201701/20170102504239.shtml。

③ National Development and Reform Commission (NDRC) and State Oceanic Administration (SOA), "Vision for Maritime Cooperation under the Belt and Road Initiative," https://eng.yidaiyilu.gov.cn/zchj/qwfb/16639.htm.

④ UN, *UNCTAD Series on Issues in International Investment Agreements II*, *Expropriation: A Sequel*.

施"蓝色经济示范工程",开展海水养殖项目,制定促进海洋旅游的措施,进行海洋环境调查以及建造海底电缆、海水淡化厂和可再生能源设施。①

外商在"一带一路"沿线国家投资的大型基础设施项目面临着间接征收的风险,主要基于三个原因。第一,外国投资占主导地位。由于大多数"一带一路"沿线国家没有高度发达的基础设施,因此基础设施建设投资是一个优先领域。② 这些类型的投资项目通常涉及高额资金并需要很长时间才能完成。由于这些情况,外商投资所面临的间接征收风险很高,所以外国投资者青睐稳定的政治环境和安全的法律保护。第二,政治环境和社会环境各有不同。一些国家经历了快速的政治变革,严重影响到中国投资并为未来投资创造了风险。例如,中国在缅甸投资的密松大坝项目,耗资了36亿美元,因政治变革而被缅甸总统吴登盛(Thein Sein)叫停;同样,中国在斯里兰卡最大的投资项目科伦坡港(共计投资14亿美元)在2015年被斯里兰卡新政府暂停。第三,就东道国对外国投资的法律保护而言,间接征收在大多数双边投资协定或自由贸易协定中都没有被很好地定义或规定。这使东道国和外国投资者面临法律的不可预测性。

二 中国与"一带一路"国家签署的双边投资协定中的间接征收条款

中国已经与64个"一带一路"沿线国家中的50个签署了双边投资协定。除了中国—保加利亚双边投资协定仅仅是概括性地提及有关征收的条款,所有的双边投资协定都详细提及或表明间接征收条款。③ 然而,"征收"一词可以被广泛地解释为直接和间接征收。自2000年以来,中国与东盟、巴基斯坦和新加坡签署了三个自由贸易协定。这些自由贸易协定只涉及间接征收的简要说明。

---

① 《"一带一路":国家战略的重大创新》。
② 《"一带一路":国家战略的重大创新》。
③ Yucong Wang (2017), "Indirect Expropriation and One Belt One Road Initiative: A Pivotal Issue for the Implementation of China's Refreshed Strategy for Foreign Investment," *China and WTO Review*, No. 1, p. 121.

（一）间接征收的定义

在中国与"一带一路"沿线国家签署的投资协议中，间接征收的方法主要有两种。第一种方法以直接征收为基准，通过概括的方式定义间接征收。这种方法被应用于 48 个与中国签署了双边投资协定的国家以及 3 个与之签署了自由贸易协定的国家。被用于指代间接征收的一般用语包括"效用等同于征收的措施"和"类似于（直接征收）的措施"。在某种程度上，那些含义不明确的条款将被认定为"效用等同"的措施，而对外国投资的影响程度将被视为等同于"直接征收"。

第二种方法是，以更加具体的方式对间接征收进行定义或说明。然而，这种方法迄今旨在两个双边投资协定中使用（2006 年与印度签署的双边投资协定，以及 2011 年与乌兹别克斯坦签署的双边投资协定）。通过引用第一种方法中所列出的表达方法之一，这两个条约中也包括关于征收的一般条款。然而，这两个条约还包括一个关于直接和间接征收的详细定义和解释，此内容以附加协议的形式出现，或被列在关于"征收"的条款处。《中华人民共和国政府和印度政府关于促进和相互保护投资协定》第 5 条第（1）款表明，间接征收是一种"效用等同于征收的措施"。然后，在该双边投资协定的附件或附加协议中，第 5 条对"间接征收"予以详细定义：

> 除了通过正式转移所有权或直接没收的形式进行的直接征收或国有化外，征收措施包括一方为达到使投资者的投资陷于实质上无法产生收益或不能产生回报之境地，但不涉及正式转移所有权或直接没收，而有意采取的一项或一系列措施。

该陈述通过详细说明"效用等同"措施回答了第一种方法中遗留下来的问题。从根本上说，这对外国投资所产生的负面影响是巨大的，并使外国投资者无法从其投资中获益。

重新签订的《中华人民共和国政府和乌兹别克斯坦共和国政府关于促进和保护投资的协定》是唯一一个将"间接征收"一词纳入征收条款

的投资协定。该协定第6条第（1）款明确表明，"效果等同于国有化或征收的措施"是指间接征收。不同于中印双边投资协议中涉及征收的条款，该协定中不包括对这一条款的进一步解释。然而，该协定在此条款下列出了可采取间接征收的条件，这一不同之处使该协定在中国与"一带一路"沿线国家签署的双边投资协议中脱颖而出。

（二）识别间接征收

1. "唯一效果"原则

遗憾的是，中国与"一带一路"沿线国家之间的大多数投资协定不包括间接征收的详细定义，更不用说关于间接征收的进一步说明。这种"低干涉"的签约手段注重东道国采取间接征收措施所产生的效果；而这些措施的效果等同于直接征收。然而这也不是唯一的手段。这些投资协定中的征收条款在很大程度上也出现于《2004年美国双边投资协定范本》发布之前这些国家与其他大型投资国所签署的协议中。在实践方面，由于在签署投资协议方面缺少详细指南，仲裁庭的解释变得具有影响力。由于投资协定用语所具有的模糊性，仲裁庭享有相当大的自由裁量权。仲裁庭倾向于采取一种对投资者友好的方式来保护外国投资者的利益。

在早期签署的投资协定中，序言部分通常会揭示保护、促进和便利外国投资这一目的。例如，《中华人民共和国政府和柬埔寨王国政府关于促进和保护投资协定》的序言指出："认识到相互鼓励、促进和保护此种投资将有助于促进投资者投资的积极性"并"为缔约一方的投资者在缔约另一方领土内的投资创造有利条件"。因此，该条约应被解释为有利于外国投资保护。结合《维也纳条约法公约》第31条的两条解释条约来看，许多仲裁庭的做法是合乎情理的，其认为在确定这些早期签署的投资协定中的间接征收时，应考虑东道国对外国投资者所采取措施的"效果"。如果东道国所采取的一些监管措施对外国投资者造成了严重的不利影响，那么这些监管措施将被视为间接征收，对此东道国则需要对外国投资者进行赔偿。不论在任何情形下，如东道国所采取措施的目的（这其中涉及其想要追求的公共利益），都会致使出现这种情况。

这促使扩大了对间接征收的识别范围。外国投资者的私人利益会成为优先考虑，而对东道国规范国内事务所存在的公共利益不会给予太多重视。鲁道夫·多尔查（Rudolf Dolzer）教授将此称为"唯一效应"方法，并提炼出"唯一效应"这一术语，其暗指只对投资者友好的标准。[①]

2. "监管权"原则

"监管权"原则阐明了东道国有权（实际上是负有责任）来规范国内事务。这一原则来源于"国家主权"原则。[②] 美国《对外关系法重述（第三次）》指出，国家"对财产损失或因出于善意的普通税收、监管、没收违法所得等其他经济不利因素，或国家警察职权范围内的活动所造成的损失不负有赔偿责任"。随着全球政治和经济格局的深刻变化，"监管权"原则逐渐被用于投资协定。最近，一些资本输出国家开始就过去的投资起诉当时的资本输入国，一些资本输入国甚至作为被告而不是原告被卷入与间接征收相关的案件中。2008年全球金融危机导致世界各地的监管机构修改监管权利及其所负有的责任。不灵活的投资保护受到东道国和非政府组织（NGOs）的反对。非政府组织认为，充足的投资保护是对例如保护人权和环境等公共利益的巨大阻碍。在这种背景下，对间接征收的认定范围有所缩小。这从美国联邦法官马丁·费尔德曼对墨西哥颁布的强制令一事中可以看出：

> 政府当局有许多方法来迫使公司破产或显著降低其业务的经济效益。过去，没收性赋税、拒绝外资使用基础设施或必要的原材料，以及实施不合理的监管制度等都被视为征收行为。同时，各国政府必须通过保护环境、采取新的或修改税收制度、发放或取消政府补贴、降低或提高关税水平以及实施区域限制等措施来保护更广

[①] R. Dolzer (2002), "Indirect Expropriation: New Developments?" *New York University Environmental Law Journal*, No. 11, p. 79.

[②] L. Fortier and S. Drymer (2005), "Indirect Expropriation in the Law of International Investment: I know It When I See It, or Caveat Investor?" *Asia Pacific Law Review*, No. 13, p. 290.

泛的公共利益。如果任何受到不利影响的企业都可以寻求赔偿，那么政府的这种合理监管就无法开展，可以肯定的是，国际惯例法认同这一观点。①

《2004年美国双边投资协定范本》表明了"监管权"原则在识别间接征收方面的作用。该范本对世界其他地区后续签订的投资协定产生了深远影响。《2004年美国双边投资协定范本》附件B第4条为识别间接征收提供指导，并且明确否定了"唯一效应"原则。该条款指出："间接征收是指缔约一方具有与直接征收相同的效果，但未发生正式产权让渡或公开占领的行为。"政府行为所产生的经济影响仅作为确定东道国的行动或一系列行动是否构成间接征收的因素之一。根据第4条（a）款，做出此判断需要考虑两个因素，即"政府行为对投资期待有明显、合理的影响的程度"以及"政府管理行为的性质"。然而，《2004年美国双边投资协定范本》并没有再就此因素给予进一步说明。

《2004年美国双边投资协定范本》的另一个重大突破是，它提供了一些方法来区别需赔偿的间接征收和东道国不必进行赔偿的合理监管措施。《2004年美国双边投资协定范本》附件B第4条（b）款指出：

> 除在特殊情况下，缔约一方旨在保护合法公共利益（如公众健康、重大安全和自然环境）的非歧视性规范措施不构成间接征收。

在解决识别间接征收，以及区分需赔偿的间接征收和不必进行赔偿的东道国合理监管措施方面的问题时，2006年中国与印度的双边投资协议，以及2011年中国与乌兹别克斯坦的双边投资协议吸收了《2004年美国双边投资协定范本》的精华。这两个协议也更详细地讨论了其他一些问题。首先，两个协议对《2004年美国双边投资协定范本》所列出

---

① *International Centre for Settlement of Investment Disputes*, *Marvin Feldman v Mexico*, Case No. ARB (AF)/99/1, Dec. 16, 2002, http://www.italaw.com/sites/default/files/case-documents/ita0319.pdf.

的一些判断因素予以进一步的解释。值得注意的是，通过要求"这种投资期待是依据缔约一方对缔约另一方投资者做出的具体承诺产生的"，中国与乌兹别克斯坦的双边投资协议限制了"投资期待"的范围。就政府管理行为的性质而言，两个协议还需要考虑东道国是否出于保护公共利益而采取了合理的措施。其次，除了包括《2004年美国双边投资协定范本》所列的三个判断因素外，两个协议都又加入了一个判断因素，即该措施或该一系列措施在范围或适用上对缔约另一方投资者及其投资的歧视程度。最后，中国与乌兹别克斯坦的双边投资协议在处理识别和区分问题时应用了一种更细致的方法，即"比例法"。

3. "比例"原则

"比例"原则类似于"监管权"原则，因为在确定东道国措施是否构成间接征收时，两者都是既考虑外国投资者的利益，又考虑东道国的利益。这两种原则的不同之处在于，"比例"原则是作为补充标准进一步发挥作用，以在最后阶段重新评估和调整每个案例，其旨在帮助仲裁庭得出更为合理的结论。除极少数情况外，通常依据"监管权"原则，东道国采取的非歧视性以及有利于公众利益的合法措施不会被认定为间接征收。然而，如果东道国所采取的这些措施与征收目的之间不成比例，[1] 那么这些措施就可能会构成间接征收。

在中国与"一带一路"沿线国家签署的双边投资协议中，2011年中国与乌兹别克斯坦的双边投资协议是唯一一个采用了"比例"原则的协议。该协议要求，在确定间接征收时，需要考虑东道国所采取的措施和征收目的之间是否成比例。此外，该协议还列举出不被视为间接征收的"例外情形"。根据中国与乌兹别克斯坦的双边投资协议的第6条第（3）款，例外情形是指"所采取的措施严重超过维护相应正当公共福利的必要"。这与"比例"原则相一致，该原则旨在平衡方法和目的间的

---

[1] A. Reinisch (2008), ed., *Standards of Investment Protection*. He provides: "The notion of proportionality recognizes that when the property owner carries too big a burden in comparison to the aim which the State tries to achieve, the measure at issue must be deemed to be disproportionate." (p. 163)

关系,[1]并要求东道国采取必要和适当的措施来作为不须赔偿的国家监管措施。

三 完善"一带一路"沿线国家间接征收条款:借鉴"澳大利亚的方式"

"一带一路"倡议为中国提供了机会,来倡导进一步改革国际投资法,并在贸易和投资领域积极承担双重角色(投资者和东道主)。中国企业将在"一带一路"沿线国家开展更大规模的项目建设并进行更多投资。中国也将从"一带一路"沿线国家获得更多投资。为确保"一带一路"倡议的顺利实施,应寻求先进的、最新的法律保护。外国投资涉及两个利益冲突:外国投资者的私人利益和东道国的公共利益。这种摩擦在间接征收中表现最为明显,但在中国与"一带一路"沿线国家签署的双边投资协议中,这一法律问题却没有很好地予以规定。这导致外国投资面临着法律不确定性和不可预测性。

促进和保护外国投资不再是投资协定中的唯一优先事项。东道国越来越重视对公共利益的保护。这种现象可以从三个角度来解释。

第一,从东道国方面来讲,保护其在国内的合法的监管权是至关重要的,也是履行其在追求可持续发展方面的国际义务所不可或缺的内容。

联合国贸发会议发布的可持续发展投资政策框架宣布:"调动投资并确保其有助于可持续发展是所有国家的优先事项","新一代投资政策把包容性增长和可持续发展置于吸引并受益于投资的核心"。2015年,联合国成员国在第三届联合国发展筹资大会上达成了《亚的斯亚贝巴行动议程》这一"突破性协议"。该协议为"实施世界各国领导人所期望的全球可持续发展议程提供了一个基础"。《亚的斯亚贝巴行动议程》明确规定:

> 保护和鼓励投资的目标不应影响我们实现公共政策目标的能

---

[1] J. Delbrück (1983), "Proportionality," in B. Rudolf (ed.), *Max Planck Encyclopedia of Public International Law*.

力。我们将努力制定带有适当保障措施的贸易和投资协定，以便不妨碍符合公共利益的国内政策和法规。

第二，在进行投资时，外国投资者应承担企业社会责任（CSR）。当外国投资者在东道国经营业务时，他们会成为东道国的经济成员。因此，他们有责任遵守当地的法律义务，尽量减少对环境、社会和人权的危害，并为东道国的发展做出贡献。① 此外，经济合作与发展组织跨国企业准则指出，外国投资者"可以实施最佳实践政策来促进可持续发展，以确保社会、经济和环境目标之间的一致性"。承担企业社会责任能够使外国投资者获得良好的声誉，使其长期遵纪守法并受到欢迎。

第三，与东道国在管理内部事务上的利益相比，外国投资并不是神圣不可侵犯的，即财产是"一种服务于社会职能的社会设置"。② 产权的独占性并不是绝对的。应该在遵守合法规则和为了公共利益的基础上使用产权。

有人认为，中国应该在与"一带一路"相关国家签署的大部分投资协议中寻求促进间接征收条款的现代化，并通过利用纳入"比例"原则的"监管权"原则来实现此方面的发展。虽然需要与许多国家进行谈判，但在达成一致和连贯的方法方面有获得好处并成为先例。有人建议借鉴"澳大利亚的方式"：澳大利亚已经就一系列最近的投资协议进行了谈判，其中体现出促进间接征收条款现代化的方法。

澳大利亚—美国自由贸易协定于2005年签署，并包含一个解释直接和间接征收的附件（附件11-B）。澳大利亚随后签署的自由贸易协定遵循着澳大利亚—美国自由贸易协定的样式；一些协定做出了进一步的修改。在这些澳大利亚签署的自由贸易协定中，对"间接征收"概念的定义具有一致性。"间接征收"是指的缔约方所采取的行动或一系列

---

① K. von Moltke (2004), "A Model International Investment Agreement for the Promotion of Sustainable Development," p. 16, http：//www.iisd.org/sites/default/files/publications/trade_model_inv.pdf.

② A. Newcombe (2005), "The Boundaries of Regulatory Expropriation in International Law," *ICSID Review*, No. 20, p. 27.

行动具有与直接征收相同的效果，但不涉及正式转移所有权或直接没收。对于识别间接征收的问题，澳大利亚—美国自由贸易协定要求考虑三个因素：(1) 政府行为的经济影响；(2) 政府行为对投资期待有明显、合理的影响的程度；(3) 政府管理行为的性质。在澳大利亚之后签署的自由贸易协定中又进一步阐明了第二个和第三个因素。就第二个因素而言，2010年签署的东盟—澳大利亚—新西兰自由贸易协定要求这种投资期待需要政府以合同、许可或其他法律文件的形式对投资者做出书面承诺。2014年签署的澳大利亚—韩国自由贸易协定要求考虑到在相关领域政府监管的性质和程度，以此来确定其对投资期待所施加影响的合理性。就政府管理行为的性质而言，东盟—澳大利亚—新西兰自由贸易协定（2010年）和澳大利亚—韩国自由贸易协定（2014年）都要求审查所采取措施和征收目的之间是否成比例。

这些自由贸易协定也为区分间接征收和不需赔偿的国家监管措施提供了指导。澳大利亚—美国自由贸易协定指出，除在特殊情况下，缔约一方旨在保护合法公共利益（如公众健康、重大安全和自然环境）的非歧视性规范措施不构成间接征收。澳大利亚—韩国自由贸易协定也包含这一点内容，并在脚注里补充了一些说明。

综上所述，间接征收的定义应包括三个必要的因素：(1) 间接征收应是由东道国所采取的措施或一系列措施引起的；(2) 间接征收不涉及正式转移所有权或直接没收；(3) 这种国家监管措施对外国投资者造成了严重的不利影响，其效果等同于直接征收。就这一点而言，投资者无法使用、享受或处置其所投资的财产。此外，应就如何识别间接征收提供指导，以便将其与不须赔偿国家监管措施区分开来。在中国和其他"一带一路"国家签署的53份投资协定中，只有两个协定包含这样的指导。其他投资协定（包括即将与沿南部"海上丝绸之路"的大洋洲国家签署的协定）中存在的漏洞应予以解决。关于间接征收的三个主要原则，有人认为应该采用"比例"原则与"监管权"原则相结合这一统筹兼顾的方法。"效果"要素的重要作用不受三种原则中任何一种的影响。"监管权"原则和"比例"原则不同于"唯一效果"原则，因为前两者并没有把"效果"要素作为决定性因素。相反，这两种原则把"效果"要素置于一个更广泛的框架中,来使其与其他要素保持平衡。在以这种方式解决间接征收问题方面,澳大利亚所签署的投资协定保持了显著的一致性。中国在推进"海上丝绸之路"的投资机会时,应考虑采取类似的做法,包括与澳大利亚敲定2015年中澳自由贸易协定投资章节所采用的方法。这种方法将支持在海洋基础设施发展方面对可持续发展的期望,促使"一带一路"国家对发展绿色海事项目做出承诺,减少对外国投资的法律保护的不确定性,以及尊重东道国的合理期望(即能够在一系列问题方面规范国内事务)。

"一带一路"倡议和人民币国际化：是福星高照吗？

冯 辉（Feng Hui）
澳大利亚 ARC 未来研究员
澳大利亚格里菲斯大学亚洲研究所高级研究员

在过去十年左右，国际政治经济中最重要的两项发展是"一带一路"倡议（BRI）和人民币（RMB）国际化。前者将给陆地和海上丝绸之路沿线的大部分基础设施项目投资数万亿美元，而后者将为中国的货币寻求全球性的投资。本文重点介绍 BRI 的货币前沿。我认为，虽然 BRI 和人民币国际化是高度互补的，但在全球推广人民币更多地取决于国内改革而不是推动国际前沿。本文的第一部分解释了国际货币的概念，介绍了到目前为止推动人民币成为国际货币的进展，随后分析了 BRI 与人民币全球化之间的关系，最后结合 BRI 中的各种问题，考虑需要做些什么来巩固人民币的全球形象。

一 国际货币

Kenen 认为，国际货币是一种在发行国境外使用和持有的，用于与居民和非居民交易的货币。[1] 国际货币必须能够在私人市场和官方（公共）政策这两个层面上执行货币的基本功能：交换媒介、计量单位和价值存储。[2]

---

[1] Peter Kenen（2009），"Currency Internationalisation: An Overview," Currency Internationalisation: Lessons from the Global Financial Crisis and Prospects for the Future in Asia and the Pacific, Seoul: Bank of Korea and BIS.

[2] Benjamin Cohen（1971），*The Future of Sterling as an International Currency*, London: Macmillan.

比如，私人功能包括外汇交易（交换媒介）、贸易发票和结算（账户和交换媒介）以及金融市场（存储）。在官方层面，国际货币通常用作汇率锚（记账单位）、干预货币（交换媒介）或储备货币（储值）（参见表1）。[1] 目前的国际货币体系中，美元占据了主导地位，而不是欧元和日元等其他发达经济体货币。[2]

表1　国际货币在私人和公共层面的功能

货币职能	私人	公共
交换媒介	外汇交易	介入货币
计量单位	金融投资	储备货币
价值存储	交易发票和结算	汇率锚

二　人民币国际化：向前一大步

经过长时间的犹豫，中国政府已开始逐步、坚定地推动人民币成为国际货币，特别是从2009年开始。政府从战略上部署资源，并推动人民币在贸易和金融方面迅速扩大作用。总的来说，中国用四种主要机制推动人民币国际化：通过签署双边货币互换，建立离岸清算中心，开放国内金融市场，以及将人民币纳入国际货币基金组织的货币篮子。

货币互换是两方之间的货币交换，这是一种在20世纪70年代开发的金融产品，最初旨在规避国家政府实施的货币控制。然而，中国与其他国家和货币当局之间双边货币互换的目的是在美元意外短缺时为中国的交易对手提供流动性，例如全球金融危机后的流动性紧缩（GFC）。

---

[1] Menzie Chinn and Jeffery Frankel（2005），"Will the euro eventually surpass the dollar as leading international reserve currency?" *National Bureau of Economic Research Working Paper*, No. 11510, National Bureau of Economic Research; Peter Kenen（1983），"The Role of the Dollar as an International Currency," *Occasional Papers 13*, New York: Group of Thirty.

[2] Joseph Stiglitz and Bruce Greenwald（2010），"Towards a New Global Reserve System," *Journal of Globalization and Development*, 1（2），pp. 12-30.

随着时间的推移,随着此类交易制度化,它们将有助于促进人民币在对手国家内私人和公共层面的日常交易中获得更广泛的接受。到2017年,中国已与35个国家签署了约5000亿美元名义金额的货币互换协议[1]。

自2009年以来,中国已建立了近30个离岸清算中心。这些中心通常设有由中国中央银行指定的人民币清算银行,战略性地布局于全球各地,覆盖所有时区和大型地区。它们通常建立在与中国或大型金融中心有密切贸易和投资关系的国家。这些中心不仅提供清算机制,将离岸人民币链接回大陆,还推广离岸金融产品和创建流动资金池,以方便需要人民币的外国人的融资和投资。一些主要中心和合作伙伴包括香港、伦敦、新加坡、台湾和欧洲。根据重要国际支付平台SWIFT的估计,香港在2017年底之前处理了离岸人民币计价交易总额的80%。伦敦是大中华区以外最大的人民币离岸中心。[2]

在财务方面,中国一直在推动离岸人民币存款的活跃市场,并通过鼓励在离岸中心发行人民币计价债券(或者叫作"点心"债券)和在新兴的在岸市场发行人民币计价债券(或者叫作"熊猫"债券),为人民币持有人创造投资机会。[3] 此前的其他主要手段是通过各种措施,向外部人民币投资者开放中国股市,包括把上海股市与香港和伦敦股市之间联系起来。

另一项重大突破发生在2016年9月,当时中国设法说服国际货币基金组织将人民币加入构成特别提款权的一揽子货币中,成为美元的替代储备资产。这实际上意味着国际货币基金组织承认中国迄今为止努力使人民币"随时可用"的金融改革。这也为人民币成为国际储备货币铺平了道路。据报道,马来西亚、泰国、智利和冰岛的中央银行已收购人

---

[1] Fan Zhang, Miaojie Yu, Jiantuo Yu & Yang Jin (2017), "The Effect of RMB Internationalization on Belt and Road Initiative: Evidence from Bilateral Swap Agreements," *Emerging Markets Finance and Trade*, 53 (12).

[2] SWIFT (2018), "RMB Internationalisation: Where We Are and What We can Expect in 2018," January 2018.

[3] Kangyu Ren (2011), "Tracking China's Currency," *Central Banking*, XXII (2), pp. 56–63.

民币债券作为其外汇储备的一部分。① 据报道，法国和德国等欧洲国家也已将一定数额的人民币收入其储备资产。② 根据国际货币基金组织的统计，截至2017年第三季度，超过1%的外汇储备以人民币计算，而在2016年之前完全没有（见图1）。

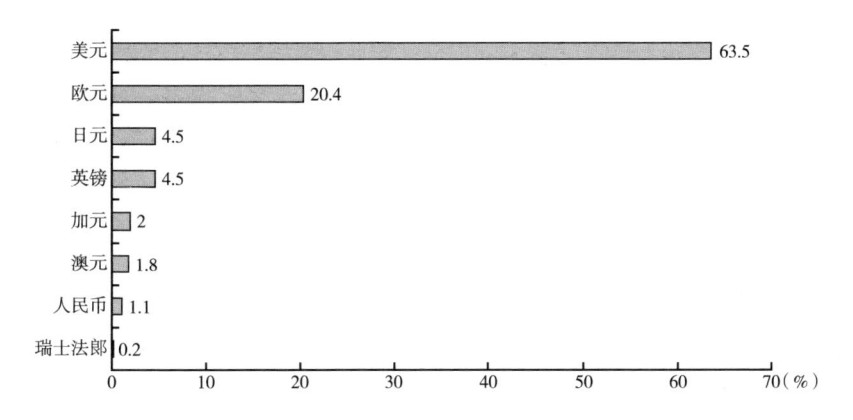

货币	份额(%)
美元	63.5
欧元	20.4
日元	4.5
英镑	4.5
加元	2
澳元	1.8
人民币	1.1
瑞士法郎	0.2

图1 外汇储备份额（2017年第三季度）

来源：国际货币基金组织。

结合上述措施，人民币逐渐步入国际货币体系的中心舞台。2015年10月，人民币按支付价格取代了日本，排名第四，占总额的2.79%。大约在同一时间，中国人民银行的一位高级官员宣称，以人民币结算的贸易额已从六年前的1%跃升至25%。③

从全局来看，尽管人民币国际接受度迅速扩大，但国际货币体系仍然是一个美元化的世界。超过60%的世界储备是以美元计价的资产。根据SWIFT的数据，截至2017年底，超过40%的国际跨境支付以美元结算，而

---

① Gary Smith (2012), "Renminbi to Shape Up Reserves Management Status Quo," *Central Banking*, XXII (4), pp. 61–66.
② Eshe Nelson (2018), "Europe's Central Banks are Starting to Replace Dollar Reserves with the Yuan," *Quartz*, 18 January.
③ The Economist Intelligence Unit (2018), "Renminbi Internationalisation and BRI: Rebuilding Momentum?", http://www.business.hsbc.com/china-growth/renminbi-internationalisation-and-the-bri-rebuilding-momentum (Accessed on 10 April 2018).

人民币不到1%（见图2）。① 即使对于最终受益人在中国内地和香港的商业支付，超过80%以美元结算，而人民币仅超过5%（见图3）。因此，要让人民币在全球范围内与美元的作用和地位相提并论，还有很长的路要走。

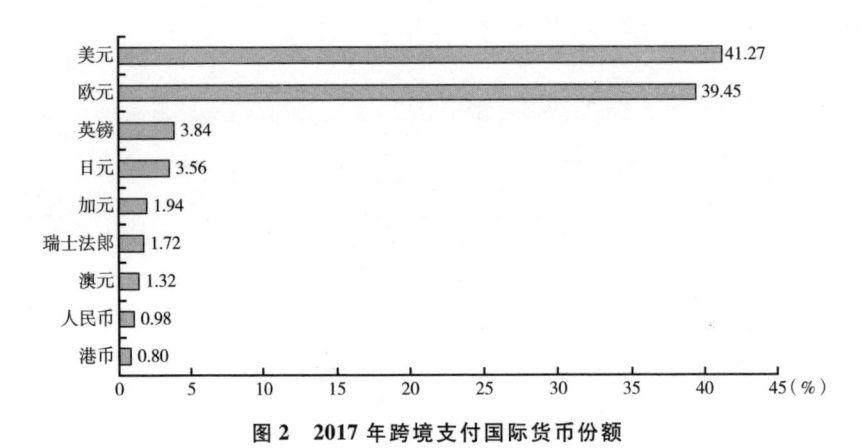

图2　2017年跨境支付国际货币份额

美元 41.27
欧元 39.45
英镑 3.84
日元 3.56
加元 1.94
瑞士法郎 1.72
澳元 1.32
人民币 0.98
港币 0.80

来源：环球同业银行金融电讯协会，2018。

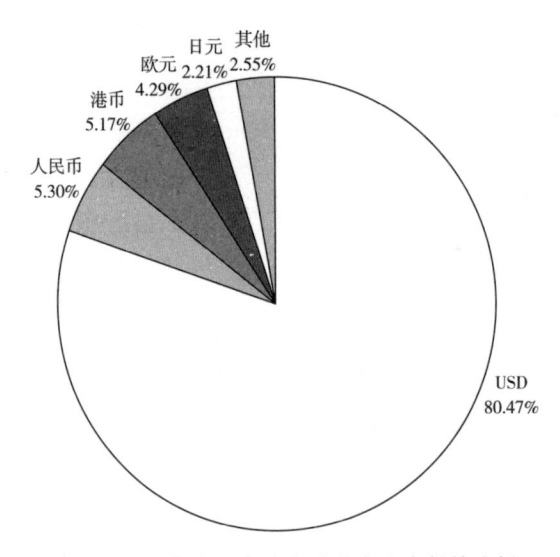

图3　2017年中国内地和香港商业支付的比例

USD 80.47%
人民币 5.30%
港币 5.17%
欧元 4.29%
日元 2.21%
其他 2.55%

来源：环球同业银行金融电讯协会，2018。

---

① SWIFT（2018），"RMB Internationalisation：Where We Are and What We can Expect in 2018," January 2018.

三 BRI 与人民币国际化携手共进

"一带一路"倡议如果全面实施,将为世界其他地区带来 1 万亿美元的经济和基础设施发展投资。与马歇尔计划的 160 亿美元相比,BRI 必将成为世界史上由单一国家驱动的最大的投资。

因为战略和实际需求,BRI 和人民币国际化运动将齐头并进。

首先,BRI 提供了一个促进人民币作为国际货币的战略平台。"一带一路"沿线许多国家缺乏主导货币意味着人民币有机会接管这一空白。BRI 是一个以中国为主导的倡议,主要由中国金融机构提供资金,这也为能让中国在推广自己的货币方面获得优势。此外,共同货币将极大地促进贸易、投资和经济一体化。据估计,单独实施货币互换协议将把中国与其合作伙伴之间双边贸易价值提高 30.4%。① 对于"一带一路"沿线国家而言,影响甚至更大。

在 BRI 中更广泛地使用人民币也有助于解决实地中的实际问题。货币不可兑换和资本控制在许多 BRI 沿线国家中是一个广泛的现象,这意味着参与 BRI 倡议的中国公司很难将收益转换为理想的货币并将其转回国内。此外,倡议以当地货币结算,但建设期较长,使中国承包商面临外汇风险。更糟糕的是,许多 BRI 沿线国家的外汇市场波动幅度往往比发达经济体的波动大,进一步增加了承包商的财务风险。

四 人民币国际化的未来:需要在国内做更多工作

鉴于 BRI 与人民币国际化的互补效应,后者必将在中国的对外投资和更广泛的区域一体化中发挥更加重要的作用。在推进人民币汇率的问题上继续推进 BRI 方面的做法是合理而直观的。尽管如此,我认为中国需要在国内做更多的工作,而不是像 BRI 这样的外部驱动力来使其货币成为全球性的资产。

---

① Zhang Fan, Miaojie Yu, Jiantuo Yu and Yang Jin (2017), "The Effect of RMB Internationalization on Belt and Road Initiative: Evidence from Bilateral Swap Agreements," *Emerging Markets Finance and Trade*, 53 (12).

首先，中国需要在 BRI 框架内推广货币之前解决一些 BRI 新出现的问题。这些包括中国公司作为 BRI 承包商的主导地位。战略和国际研究中心最近的一份报告发现，参与 BRI 倡议的所有承包商中，89% 是中国公司，7.6% 是本地公司，3.4% 是外国公司。相比之下，在参与由多边开发银行资助的项目的承包商中，29% 是中国人，40.8% 是本地人，30.2% 是外国人。[1] 与此同时，通过大量中国贷款参与 BRI 也增加了一些国家长期高负债水平的可能性，长期来看这种债务是不可持续的。根据 Hurley、Morris 和 Portelance 的报告，68 个潜在的 BRI 借款人中有 8 个国家"根据与 BRI 相关的项目贷款的确定渠道，特别面临债务困境风险"。[2] 野村分析师的报告也确定了一些面临风险的国家。[3] 必须指出的是，总体而言，BRI 确实为那些欠发达国家带来了积极的经济收益，并且在签订 BRI 的过程中可以解决与签约流程和可持续融资相关的问题。

然而，对于人民币而言，纳入 SDR 货币篮子只是迈向其全球的第一步。毕竟，说服私营部门和国际市场参与者接受和使用货币才是关键。为实现这一目标，国内需要进行深刻的改革。

在改革中，首先需要提高中央银行的信誉和货币政策的独立性，从而使得国际市场更加确信人民币的价值不会受到政治考虑的干扰。中国也需要将其资本流动或控制制度化。自 2015 年以来，在资本管制方面采取的强硬措施已经使早期资本账户自由化的许多努力回落，这也打击了人民币国际化进程，使得它的全球支付和结算排名下滑。虽然收紧资本的措施旨在遏制外部资金流动的冲击，并且在很大程度上取得了成功，但这个突然的举动让市场措手不及，并削弱了市场对政策稳定性的

---

[1] Jonathan E. Hillman (2018), "China's Belt and Road Initiative: Five Years Later," https://www.uscc.gov/sites/default/files/Hillman_USCC%20Testimony_25Jan2018_FINAL.pdf.

[2] John Hurley, Scott Morris and Gailyn Portelance (2018), "Examining the Debt Implications of the Belt and Road Initiative from a Policy Perspective," Centre for Global Development, March 4.

[3] Michael Smith (2018), "Debt bumps on China's Belt and Road," *Australian Financial Review*, April 27.

预期。鉴于正在逼近的中美贸易战和美联储逐步提高利率的做法，人民币的价值可能面临下行压力，可能会引发更多的资本管制措施。因此，中国政府和中国人民银行保持与国际市场的良好沟通并避免突然的政策冲击，是尤其重要的。稳定的预期是外界能有信心地使用和投资中国货币的关键。此外，中国需要进一步开放国内金融市场，提供更多元化、有市场水平回报的投资种类。这将引诱私人实体投资更多人民币计价资产，增加人民币作为主要国际货币的吸引力。

五　结论

BRI和人民币国际化都是中国作为新兴全球大国的经济和政治目标的中心。尽管美元在国际交易中仍占主导地位，但人民币在竞争日趋激烈的情况下取得了重大进展。作为一项主要由中国领导和中国投资的投资活动，BRI是在"一带一路"沿线国家推广人民币的理想平台，但这必须以更具包容性和可持续性的方式进行。与此同时，国内的改革可以为人民币走向世界提供进一步的动力，使货币更容易获得，更少受资本控制，更具投资价值。这反过来要求中国当局增强信誉和政策的稳定性。

亚太合作、"一带一路"倡议和太平洋岛国

尼勒斯·高德（Neelesh Gounder）
斐济南太平洋大学经济学院

太平洋岛国一般被分为三类：美拉尼西亚、波利尼西亚和密克罗尼西亚。美拉尼西亚群体包括斐济、巴布亚新几内亚、所罗门群岛和东帝汶、瓦努阿图。这些国家通常资源丰富，土地面积相当大。它们的人口规模相对较大，在巴布亚新几内亚、所罗门群岛、瓦努阿图和东帝汶等地，人口增长率很高。波利尼西亚群体包括汤加、萨摩亚和库克群岛，这些群体人口较少，自然资源适中，并且主要依赖外国援助和汇款。密克罗尼西亚群体包括图瓦卢、马歇尔群岛、帕劳、密克罗尼西亚联邦等，它们几乎都是小珊瑚环礁，资源贫乏，并且在很大程度上依赖于汇款和援助。

太平洋岛国相对发展中的亚洲是独一无二的，因为它们的规模小，人口少，治理薄弱，与主要市场隔离，往往面临不利因素。因此，在过去几十年中，太平洋岛国经历了低经济增长和高波动。除了它们在土地面积、人口、资源和文化特征方面的独特差异外，它们还有一些共同的新出现的问题。它们面临经济和社会发展挑战，大多数太平洋岛屿国家都容易受到自然灾害的影响。然而，在资源方面，该地区的小岛国拥有未充分利用或尚未充分开发的经济资源，拥有重要价值。

本文结构如下：第一部分讨论了"一带一路"倡议及其能给太平洋岛国带来什么；第二部分讨论了一些太平洋岛国面临的会拖累它们从这个计划中收益的挑战；第三部分总结。

一 中国、"一带一路"倡议和太平洋岛国

亚洲对全球经济总量的贡献从20世纪60年代的约15%增加到2015年的约30%。预计到2050年，会增加到全球产量的一半以上。到2050年，中国有望成为世界最大的经济体，占世界国内生产总值的20%。[①]这些变化非常重要，太平洋岛国正在看到亚洲不断增长的好处。为了利用这些机会，一些太平洋岛屿国家已经采取了"向北看"战略，旨在加强与亚洲经济体特别是中国的联系。

中国国家主席习近平于2014年访问了斐济，这是中国国家主席对斐济的首次国事访问。在斐济，习主席与斐济总理弗兰克·拜尼马拉马签署了五项协议，包括经济合作、国防、气候变化以及前往中国的斐济人的签证豁免。访问期间，习主席还与包括密克罗尼西亚联邦、萨摩亚、巴布亚新几内亚、汤加、库克群岛、瓦努阿图和纽埃在内的其他7个太平洋岛国的领导人举行了双边会晤。习主席致力于深化在贸易、渔业、能源、资源和基础设施建设等领域的合作。

"一带一路"倡议有两个组成部分：

· 沿着欧亚陆地走廊从太平洋到波罗的海的丝绸之路经济带（SREB）

· 二十一世纪海上丝绸之路（MSR）

其中，MSR旨在从中国沿海港口过南海到南太平洋。它旨在通过忽视地理障碍，使人们和企业更加接近发展和繁荣的整体观念来联系各国。

虽然中国已经通过增加贸易、投资和发展援助在太平洋岛屿国家中占有一席之地，但"一带一路"倡议将影响太平洋岛国政府获得中国融资的方式，这对一些太平洋国家来说是一个关键问题。

---

① Pricewaterhouse Coopers (2017), "The Long View How will the Global Economic Order Change by 2050?" Pricewaterhouse Coopers LLP, United Kingdom.

太平洋岛国现在正处于贸易政策制定史中一个重要节点，有很多贸易协定谈判正在进行，或者即将签署。这些国家关税和其他障碍的减轻可以给太平洋岛国的公司带来新的机会和挑战。[1] 他们还将面临国内和主要出口市场日益激烈的竞争。这些太平洋岛国面临的挑战能确保国内企业根据经济的比较优势发展潜力，实现出口导向型活动多样化，进行技术竞争。同理，这需要他们改善总体框架条件，增强人力资本，促进国内市场的竞争，并创造更强的投资激励。

许多太平洋岛国缺乏可以帮助他们发展出口的基础设施、监管机制和供应链物流。他们需要在通信、海港和机场进行大量的基础设施投资，以降低成本、发展贸易业务。渔业仍然是该地区拥有经济价值的可再生资源之一。此外，《瑙鲁协定》安排缔约方合并组成的北部小型太平洋岛国联盟拥有全球金枪鱼供应量的30%。未来，全球对作为蛋白质来源的鱼和鱼产品的需求将会增加。

中国是通常竞标这些国家获取权的主要国家之一。如果在该区域内开发更直接和有效的航运路线，渔业部门还有可能使太平洋岛国和中国在增值和出口方面均受益。许多太平洋岛国的港口设施很差，而维修成本和收费标准很高。这增加了出口商和包括利用这些便利的中国船只的成本。

在"一带一路"倡议下，太平洋港口设施的改善是很重要的内容，还可包括某些路线的规划。例如，在北太平洋的世界级港口设施上建立一个更好的贸易门户，因为这些国家离亚洲（菲律宾）更近。

斐济有一些可以改善的设施，而且在北太平洋和南太平洋连接之后，它和中国可以更好地做贸易。目前，船只会从澳大利亚或者新西兰走。不过，如果有改善的码头和登陆设施，那么就能有更经济的路线，也能有更直接抵达中国的航线，增加双方贸易。

其他主要国家也是同理，例如巴布亚新几内亚，它拥有丰富的资

---

[1] N. Gounder and B. C. Prasad, "Regional Trade Agreements and the New Theory of Trade Implications for Trade Policy in Pacific Island Countries," *Journal of International Trade Law and Policy*, Vol. 10, No. 1, 2011, pp. 49–63.

源，如天然气、石油和黄金。但是，为了充分发挥其潜力以及让两国（中国和巴布亚新几内亚）都能受益，需要以更具成本效益的价格建立与亚洲直接相连的高效港口（海上航线）和空中航线。

北太平洋和亚洲之间必须建立直接的航线连接。目前，"一带一路"倡议的重点是建立海上联系和道路连接。但是，对太平洋岛国和中国来说，增强航空联系，如增加该地区内以及飞往主要海外市场的航班数量，也是一个重点。

二 太平洋岛国面临的挑战

太平洋岛国在经济规模、自然资源、人口、政治和经济制度以及经济发展阶段方面有很大差异。大多数人仍然生活在农村地区，从事自给自足或小规模农业，从农村到城市的移民持续增加是这些经济体的一个关键特征。尽管拥有年轻的劳动力，但太平洋岛国的规模小和地处偏远等几个因素构成许多独特的挑战。太平洋岛国是小岛屿发展中国家（SIDS）的一部分。在2014年在萨摩亚举行的第三次SIDS会议上，小岛屿发展中国家呼吁国际社会为实现包容和公平的经济增长，人人享有体面工作，同时实现可持续发展和减贫提供支持。

对这些和中国以及世界进行贸易和投资的太平洋岛国来说，新的路线、港口和其他基础设施有明显的好处。虽然"一带一路"倡议带来了机会，太平洋岛国也很可能面临一些挑战。

（一）资金的本质和形式

目前，还未确定这个倡议能给太平洋岛国带来什么样的资金：是赠款，优惠贷款还是贷款。国际货币组织注意到汤加、萨摩亚和瓦努阿图此类国家在偿还债务方面面临持续的挑战。如果资金来自优惠贷款，它是否会比给太平洋岛国的其他主要贷款来源优惠得更少？与世界银行或亚洲开发银行贷款相比，它的利率和到期期限是多少？

（二）气候变化、自然灾害和经济发展

众所周知，太平洋岛国因自然灾害和气候变化而有脆弱性。如对

于图瓦卢这个海拔最高点只有 4 米的国家来说,海平面上升是对它真正的威胁。但是,目前在减轻损失和损害方面只有有限的解决方案。各国都制订了气候变化国家行动计划。自然灾害会影响企业业务绩效,也会破坏长期竞争力和可持续性。中小型企业尤其面临风险,一次灾难有可能破坏他们部分业务资本,影响供应链。在每个太平洋岛国的国内层面,重要的是要考虑如何将气候变化问题纳入"一带一路"倡议的主流议事日程。这应该针对双重效果:减缓气候变化和发展经济。

(三) 自然资源开采

自然资源开采有可能削弱整个地区的粮食安全。该地区拥有丰富的自然资源,包括渔业、林业和土地资源。然而,它也面临如过度捕捞、森林砍伐、珊瑚礁退化和土壤肥力下降等挑战。关于渔业,大多数金枪鱼围网捕捞来自太平洋岛国的专属经济区,这些国家是《瑙鲁协定》的缔约国(称为 PNA,包括密克罗尼西亚联邦、基里巴斯、马绍尔群岛、瑙鲁、帕劳、巴布亚新几内亚、所罗门群岛和图瓦卢)。在治理方面,国家渔业机构的能力,包括透明度和有效性都很低。处理非法、不报告和未约束捕捞(IUU),有效和协调地监测和控制(MCS),以及数据共享是很必要的[1]。2016 年发布的区域金枪鱼渔业 IUU 报告指出,与 IUU 活动相关的鱼类价值可能约为 5 亿美元。[2]

中国是中西太平洋渔业委员会(WCPFC)的一员。近年来,WCPFC 的成员开展了一些措施去治理过度捕捞、IUU 问题,以及保证透明度。但是,随着科技和渔业系统的不断发展,加强太平洋岛国有效监管、控制和盯梢的要求在不断增加。中国在增强治理能力,提高透明度和监管措施(MCS),以及数据分享中的单方面协助是必不可少的。

---

[1] Secretariat of the Pacific Community (2010), "The Future of Pacific Island Fisheries," Secretariat of the Pacific Community, Noumea, New Caledonia.

[2] Pacific Islands Forum Fisheries Agency (2017), "Pacific Islands Forum Fisheries Agency 2016/17," Annual Report, Pacific Islands Forum Fisheries Agency, Honiara, Solomon Islands.

三 结束语

总之，太平洋地区和中国在"一带一路"倡议下加强贸易是很有潜力的。该倡议将连接贸易路线，互惠互利。通过不断增长的贸易、投资和发展援助，中国已经在太平洋岛国家开展业务。据洛伊研究所（一家澳大利亚智库）称，2006～2016年，中国向南太平洋国家提供了至少17.81亿美元的援助。中国援助的有效性普遍不一。但是，中国和太平洋岛国必须确保它们对发展成果共同负责。

与任何倡议一样，建立真正的伙伴关系，应考虑这个倡议怎么能使太平洋岛屿国家变得富裕。改善贸易和投资的连通性将使得贸易成本下降，从而促进双边贸易的机会。例如，航运是往返太平洋群岛运输货物的主要手段。提高运输效率的一种方法是促进不同运输方式的整合。对太平洋岛国，通过互联基础设施的建设可以带来潜在的经济效益。太平洋岛国需要确定如何参与伙伴关系，包括内容和方式，但在整个过程中应始终有集体对话与合作的空间。其中一个重要的问题是，这笔交易无论结果如何，成效是否都是好的。澳大利亚和新西兰等传统发展合作伙伴可以与中国合作，而太平洋岛国需要更大的支持与合作空间。"一带一路"倡议可以通过投资来补充和创造轨迹：

·改善贸易和投资的互联性会降低贸易成本，从而增加互相贸易的机会。

·船运是往返太平洋地区运输的主要方式。建设北太平洋的港口设施，并在北太平洋和亚洲之间建立直接航空联系。

·"一带一路"上用斐济作为该地区的枢纽，旨在创建更有效的从斐济直接到中国的航线（避免额外的运输路线），以降低经营成本。

·用低成本方式增加该地区和关键海外市场之间的航班。

·ICT发展指数显示此地区在信息通信技术应用和基础环境方面存在巨大差异。根据"一带一路"倡议，中国可以在数字贸易开展之前改善太平洋岛国地区的ICT基础设施。

· 将偏远的农村和岛外地区与主流市场以及卫生和教育服务联系起来；建立运送到远程社区的路线。

· 通过建立气候适应性贸易基础设施，将气候变化问题纳入"一带一路"倡议的主流议程中去。

· 区域政策协调是必要的，因为目前为了实现"一带一路"倡议所设想的类似成果，还有很多其他正在进行和计划中的战略（例如，亚行、世界银行和双边贸易援助措施）。在区域政策协调方面，需要和利益相关者协商，并对区域政策采取一种自下而上的制定方法。例如，每年举办一次的中国—太平洋私营部门研讨会可以给中国提供了解太平洋地区（不仅是斐济，而且还有其他北太平洋和中太平洋地区的国家）私营部门需求的机会。

"21世纪海上丝绸之路"建设与太平洋岛国经济发展的新思考：超越"竞争性援助"

秦 升

中国社会科学院亚太与全球战略研究院助理研究员

长期以来，地理上的边缘化与政治经济上的边缘化，是南太平洋地区最突出的特点。[①] 这种边缘化直接导致了太平洋岛国经济上的极端落后[②]。太平洋岛国在人力资源上的匮乏、经济发展能力上的欠缺以及自然资源领域拥有的巨大潜能是"竞争性援助"产生的前提条件。"竞争性援助"通常强调短期效果，忽视长期影响，对岛国人民的真实需要关切不够。本文认为，"21世纪海上丝绸之路"作为中国提出的顺应时代潮流的发展倡议，从发展中国家的现实需要出发，包含着崭新的价值观、发展观和合作观，能够为太平洋岛国的经济社会发展提供一条超越"竞争性援助"的创新型发展道路。

一 南太平洋地区的"竞争性援助"：根源与现状

太平洋岛国的经济发展长期依赖外来援助，从20世纪90年代开始，对岛国的"竞争性援助"开始凸显，进入21世纪以后"竞争性援助"的态势逐渐加强。援助国希望通过加大援助获得高于其他援助国的

[①] 雷芳、张志兵：《南太平洋岛国现代化研究》，《当代教育理论与实践》2011年第9期，第159页。

[②] 本文的研究对象为太平洋岛国，包括：萨摩亚、瑙鲁、斐济、巴布亚新几内亚、所罗门群岛、图瓦卢、库克群岛、纽埃、密克罗尼西亚联邦、马绍尔群岛、帕劳、基里巴斯、汤加和瓦努阿图共14个国家。

影响力而获得在国际政治、经济发展、自然资源等方面的利益，受援国则希望通过政治外交手段最大限度地获取援助国的援助，使自身的社会经济得到最大限度的发展。因而，"竞争性援助"是援助国和受援国互动的结果。本节将从太平洋岛国的客观环境、"北望"（Look North）战略的影响以及现有援助的竞争性态势三个方面阐述"竞争性援助"的根源和现状。

(一) 历史、地理和文化对经济发展的制约

"竞争性援助"首先来自太平洋岛国对援助的渴求，长期的殖民主义和部落文化的封闭性给南太平洋地区的经济社会发展带来了大量的负面遗产。太平洋岛国地理上分散且陆地面积狭小，各个岛国社会经济发展水平极不平衡。

南太平洋地区拥有超过1900万平方公里的专属经济区（EEZ），蕴藏着大量的矿产和渔业资源。但由于基础设施落后，人力资源匮乏，岛国自身没有能力开发资源。巴布亚新几内亚作为南太平洋地区面积最大的岛国，天然气储量极为丰富，却只能依赖日本、澳大利亚和美国的油气公司实现天然气的开发。萨摩亚拥有12万平方公里的专属经济区，由于缺乏足够数量和质量的捕捞设备，大量的渔业资源可望而不可即。[①]资源禀赋的不平衡和制约加上历史文化的影响导致了岛国自身建设能力的缺失和对外来援助的紧迫需要，为大国在该地区的"竞争性援助"提供了土壤。

(二) 太平洋岛国的"北望"（Look North）战略加剧了"竞争性援助"的态势

太平洋岛国自20世纪90年代以来逐渐发展起来的"北望"外交战略为"竞争性援助"提供了新的机会。澳大利亚和新西兰自二战以来一直是太平洋岛国的主要捐助国，源自地理、历史、文化和经济的巨大影响力导致了太平洋岛国对澳、新的强烈依赖。当澳、新的影响力对经济

---

① 倪学德：《列国志——萨摩亚》，社会科学文献出版社，2015，第121页。

援助发挥负面效应时,太平洋岛国的焦虑感以及外交转向的决心就更加强烈了。

1987年斐济军事政变之后,与澳大利亚、新西兰的关系急剧恶化,斐济政府意识到,对澳、新援助的严重依赖使得国家利益在关键时刻受到了威胁,决定开始加强同亚洲和东南亚国家的外交联系以减弱对澳、新的依赖。率先进行外交转向的斐济成为太平洋岛国"北望"战略的开端。1988年,巴布亚新几内亚与澳大利亚就援助问题产生矛盾之后,总理帕亚斯·温蒂(Paias Wingti)随即宣布"北望"战略。2006年,所罗门群岛政府由于不满澳大利亚干涉其内政,也提出了"北望"战略。[1] 时至今日,这一外交理念得到了越来越多的太平洋岛国的认同。

事实上,以澳大利亚为主的西方援助国在提供援助的同时不断地向太平洋岛国强加所谓"好的治理模式",这种附加改革议程的援助在该地区越来越不受到欢迎。[2] 太平洋岛国更加希望接受不附加政治条件的援助,这也是"北望"战略的初衷。然而,太平洋岛国无法改变部分国家在援助自己的同时也带来了一定的利益诉求,选票政治是其集中体现。太平洋岛国由于拥有14个联合国合法投票席位,在国际政治和重大国际事件中是一股不容忽视的力量。20世纪90年代中期,日本和韩国为赢得世界卫生组织的主席竞选展开了竞争,他们分别率领庞大的代表团来到南太平洋公开拉票,最后日本凭借更加雄厚的经济实力和更多的捐助赢得了这次竞争,日本人中岛宏任职世界卫生组织主席长达十年之久。

(三)"点""线""面"——外来援助的三种方式以及大国竞争

各个大国对太平洋岛国的援助虽然一直在加强,但是在援助的策略

---

[1] Ron Crocombe (2007), *Asia in the Pacific Islands: Replacing the West*, IPS, University of the South Pacific, p. 211.

[2] Michael Powles (2016), "The Role of Foreign Countries in a Changing Pacific," *The Pacific Islands in Transition: Opportunities and Challenges* (conference paper), Guangdong, p. 20.

方面却不尽相同。本文将当前区内外大国对太平洋岛国的援助分为三种模式,其中"点"式援助指将主要的资金和资源投放在某几个国家,实现对少数国家的影响和控制。"点"式援助策略通常和双方的历史渊源有密切关系。"线"式援助指将太平洋岛国作为一个整体通过"一对多"的方式讨论援助方案。"面"式援助指对太平洋岛国进行包括经济、政治、文化和军事在内的全方位援助,在本文特指澳大利亚和新西兰。

美国是典型的"点"式援助国家,其主要援助对象集中在与之签订"自由联合协定"的三个国家:密克罗尼西亚联邦、马绍尔群岛以及帕劳共和国。根据与三个岛国的协定,美国承诺在2023年之前通过信托基金每年向密克罗尼西亚联邦提供超过1.3亿美元的直接援助[1],向马绍尔群岛提供7000万美元的直接援助[2],截至2011年底,援助帕劳的信托基金达到了1.47亿美元[3]。二战以后,密克罗尼西亚联邦、马绍尔群岛以及帕劳共和国在独立之前长期由美国托管,其中马绍尔群岛一直都是美国主要的核试验基地。所以,美国对上述三个国家的援助有着深刻的历史渊源和明确的军事动机。

中国、日本、印度和韩国更多地采用"线"式援助,通过机制化的方式把岛国作为一个整体讨论援助方案。20世纪90年代,日本作为域外发达国家最早与太平洋岛国建立了制度化的合作关系,1997年10月13日召开了首届"日本—南太平洋岛国首脑峰会",此后每三年举办一次。2015年第七届"日本—太平洋岛国首脑峰会"发布了《福岛磐城宣言》,计划未来三年向岛国提供550亿日元的援助。[4] 中国时任总理温家宝于2006年到访南太平洋地区,宣布成立"中国—南太平洋

---

[1] U. S. Department of State (2016), "U. S. Relations With the Federated States of Micronesia," https://www.state.gov/r/pa/ei/bgn/1839.htm.

[2] U. S. Department of State (2016), "U. S. Relations With Marshall Island," https://www.state.gov/r/pa/ei/bgn/26551.htm.

[3] U. S. Department of State (2017), "U. S. Relations With Palau," https://www.state.gov/r/pa/ei/bgn/1840.htm.

[4] 数据来源:日本外交部(2015),《第七届日本—太平洋岛国首脑会晤宣言——共同建设繁荣未来》,第3页,http://www.mofa.go.jp/files/000081726.pdf。

经济发展合作论坛"。韩国和印度也分别于2011年和2014年与太平洋岛国建立了"韩国—太平洋岛国外长会议"和"印度—太平洋岛国论坛"。这些机制所包含的合作议题主要集中在优惠贷款、基础设施建设、人力资源开发、绿色能源以及应对气候变化等方面，本身就形成了竞争。

澳大利亚和新西兰是南太平地区最具影响力的国家，它们之所以是"面"式援助的代表，是因为两个国家在文化传统、历史渊源、经济援助以及军事外交等几乎所有方面都与太平洋岛国有着密切的联系。澳大利亚在2016~2017年度的援助预算中，对南太平洋岛国的援助占其整个ODA的29.7%，近年来澳大利亚的ODA总量在减少，但是对太平洋岛国的援助比例反而有所上升。新西兰认为南太平地区的稳定和发展是新西兰的利益所在，将60%的援助基金用于太平洋岛国。①

二 共建"21世纪海上丝绸之路"：超越"竞争性援助"的创新型发展道路

2014年11月22日，中国国家主席习近平访问斐济楠迪，成为中国历史上第一位访问南太平洋的最高领导人。习近平在同太平洋岛国领导人的集体会晤上指出，我们真诚欢迎岛国搭乘中国发展快车，共同建设"21世纪海上丝绸之路"。这是中国首次正式邀请太平洋岛国参与"21世纪海上丝绸之路"建设。本文认为，"一带一路"所倡导的共商、共享、共建的发展理念和政策沟通、设施联通、贸易畅通、资金融通、民心相通的建设理念能够与南太平洋岛国共同超越"竞争性援助"，创造一条崭新的经济社会发展道路。

（一）在双边援助的基础上发展多边合作

目前，在对太平洋岛国的多边援助中，以澳、新为主的《太平洋紧密经济体协定（PACER）》和《太平洋岛国贸易协定（PICTA）》以及

---

① New Zealand Ministry of Foreign Affairs and Trade, "Our Aid Partnerships in the Pacific," https：//www.mfat.govt.nz/en/aid-and-development/our-work-in-the-pacific.

以欧盟为主的《非加太地区国家与欧共体及其成员国伙伴关系协定（Cotonou Agreement，科托努协定）》是最主要的多边框架，这种"多对多"的框架一方面忽视了受援国的不同国情，通过统一的协定作为援助的前提条件，另一方面附加政治、财政领域的改革条件，使得援助过程并不顺利。在对太平洋岛国的双边援助中，各个援助国各自为政，不考虑其他援助国的援助进程和援助计划，带来了很多负面效应。

首先，双边援助效率较低。一些需要资金较多、周期较长的基础设施项目，通常很难由一个国家独立完成，有时甚至会由于标准不同、规划不同导致重复建设。实际上，"偏重前期建设，忽视后期维护"[①]归根到底是人力和物力的缺乏与项目建设的长期性之间的矛盾造成的，如果采用多边合作的方式不仅能够提高效率也能实现重大项目的长久维持。

其次，多边合作的缺失可能导致援助国的相互猜忌和无序竞争。中国对太平洋岛国援助力度的不断加大引起了很多西方国家和发达国家的担忧。2012年，希拉里成为首个参加南太平洋岛国峰会的美国国务卿。引入多边合作，特别是和传统援助国如澳大利亚和新西兰共同参与规划和建设，能够极大地减少不必要的矛盾和疑虑。

最后，多边合作是降低建设成本和建设风险的重要途径。更多的项目参与者总能够降低建设成本，也能分担风险。对于援助国而言，政治风险也能够通过多边合作显著降低，这是中国"一带一路"提倡共商、共建的重要依据。总之，通过市场化的方式形成利益共同体，以共商、共建的方式让更多的援助国参与到"海上丝绸之路"的建设中来，降低风险，提高合作效率。

（二）在项目援助的基础上进行战略对接和制度融合

2015年3月《推动共建丝绸之路经济带和21世纪海上丝绸之路的愿景与行动》正式发布，其中明确提出"推动沿线各国发展战略的对

[①] 吕桂霞：《中国对斐济的经济援助：内容、特点与成效》，载于喻常森主编《大洋洲发展报告2014~2015》，社会科学文献出版社，2015，第246页。

接",这是一次意义重大的突破和升级。发展战略是一系列发展计划、发展目标和发展手段的匹配与组合,对一个国家而言通常是经过深思熟虑的重大决策,不会轻易改变,这是项目建设所不能相提并论的。

中国的海上丝绸之路建设和南太平洋地区的发展战略对接将为南太平地区提供持续的发展动力。当前,多数太平洋岛国都提出了中长期发展规划,如以太平洋岛国论坛为平台的《援助贸易规划 2014~2017》(Trade for Aid)、汤加的《战略发展计划框架》、瓦努阿图的《2015~2024年基础设施发展战略计划》、巴布亚新几内亚的《2050年远景规划》和《2010~2030年发展战略规划》等。深入研究这些战略规划,实现战略对接是拓展中国和太平洋岛国发展空间、实现共赢合作、避免落入"竞争性援助"的重大举措。

(三)加大科研合作,促进民间融合

目前,南太平洋地区教育水平亟待提高,斐济的南太平洋大学是该地区少有具备完整科研体系和教学设施的大学。这种情况下,中国应当加强与岛国的科研合作,增加在大学建设和全民教育方面的资助和贡献。此外,中国对太平洋岛国的研究仍然有限。前文提到,太平洋岛国在地理上极为分散,经济社会发展水平极不均衡,只有深入了解岛国人民和岛国国情,才能实现分层次、有区别、有针对性的合作。

目前,中国与太平洋岛国的文化交流蒸蒸日上,中国援助的很多民生项目解决了当地居民的实际困难,得到了当地居民的称赞。我们应该通过当地政府和当地媒体加强对援助项目和援助效果的宣传,使得更多的岛国人民了解中国为岛国做出的贡献,培养和岛国人民之间的深厚友谊。民间融合、相互尊重和相互了解是实现民心相通的重要手段,也是建设"海上丝绸之路"不可或缺的一环。

三 中国在太平洋岛国推动"海上丝绸之路"建设的优势和潜在风险

(一)政治互信为"海上丝绸之路"建设打下政策沟通的基础

自从中国与南太平洋地区 8 个国家建立外交关系以来,中国和主

要的太平洋岛国一直保持着友好往来，近年来双多边关系不断升温。2006年中国与太平洋岛国共同启动"中国——太平洋岛国经济发展合作论坛"，这一高级别集体对话为中国与太平洋岛国加深了解、增进友谊、深化合作搭建了重要平台，也成为中国对外宣布重大援助举措的重要场合。2014年11月22日，习近平主席出访斐济并与南太8个建交国领导人举行集体会晤，宣布了支持太平洋岛国经济社会发展的一揽子计划，支持岛国联合自强、互帮互助、维护地区稳定和繁荣。良好的政治互信和会晤制度为"海上丝绸之路"建设打下坚实的基础。

（二）经济机制建设的加速推进为贸易联通提供重要保障

进入21世纪，中国和太平洋岛国之间的贸易投资往来和经济合作机制建设也进入了一个加速阶段。除了中国—太平洋岛国发展合作论坛以及《中国—太平洋岛国经济发展合作行动纲领》外，中国与多数建交太平洋岛国都签订了不同层次的经济合作协定。通过对比16个太平洋岛国在2008年和2015年的进口数据可以看出，2008年中国在太平洋岛国进口贸易中的地位并不显著，到了2015年，中国和太平洋岛国之间的双边贸易实现了质变，在参与统计的16个岛国中，中国成为斐济和瓦努阿图的第一大进口国，巴布亚新几内亚、基里巴斯和瑙鲁的第二大进口国，汤加、萨摩亚和纽埃的第三大进口国。

然而，中国和太平洋岛国之间的贸易不平衡持续加剧，中国对南太平洋地区的出口远远大于进口。当前，只有和太平洋岛国一同推动"海上丝绸之路"的建设，充分发挥中国作为巨大终端市场的作用，提高太平洋岛国的产业发展能力和消费水平，通过共同努力使太平洋岛国的人民分享到中国经济增长的红利。

（三）潜在的困难和风险

首先，政治不稳定和法制缺失给双方合作带来不确定性。斐济自1987年以来已经出现过四次军事政变，每一次军事政变都给援助项目以及双边投资和贸易带来巨大风险。喻常森指出，太平洋岛国普遍存在执法效率低、贪污腐败普遍、特地权属复杂等不稳定因素[1]。此外,部分太平洋岛国的经商环境排名靠后,给"海上丝绸之路"建设带来了不稳定的预期。

其次,华人华侨之间以及华人华侨与当地社会的结构性矛盾给"海上丝绸之路"建设带来负面效应,这其中有移民、文化、资源争夺等多方面的原因,也有中国企业在参与当地建设和投资过程中产生的劳工问题。太平洋岛国的老移民和新移民之间由于在价值观和民族的认同度上存在偏差,也积累了相当多的矛盾。

最后,发达国家的媒体和学者不断猜疑中国与太平洋岛国的合作动机给"海上丝绸之路"建设蒙上阴影。由于澳大利亚在南太平洋的特殊地位,中国对该地区日益增加的援助被认为是对澳大利亚主导地位的挑战,这就需要中国高度重视和处理好与传统援助国、受援国之间的关系,减少相关国家不必要的疑虑。

四 结论

"21世纪海上丝绸之路"建设在广度上超越了经济援助,提供了以战略对接为前提的从基础设施建设到绿色可持续发展,从人文交流到生态保护的整体规划,是集系统性、可持续性和长期性为一体的动态合作过程;在深度上超越了传统的经济合作协定(自由贸易协定),不预设经济合作的前提条件,不附加政治经济改革条款,尊重太平洋岛国自身的文化历史、经济发展现状、资源禀赋条件,因"国"而易,从岛国人民的真实需要和合作共赢的思路出发探索可持续发展的创新型合作道路。

中国在基础设施建设领域、产业转移和产能合作领域积累了大量的经验,在新能源特别是清洁能源的开发和利用上走在世界前列,中国有资金、有技术、有能力持续向太平洋岛国投入资源,确保"海上丝绸之路"建设对提升当地居民的生活质量、推动社会发展进步发挥正面效

---

[1] 喻常森:《中国企业在太平洋岛国投资的社会政治风险分析》,载于喻常森主编《大洋洲发展报告(2015~2016)》,社会科学文献出版社,2016,第211页。

应。中国致力于把共享的价值观、共建的发展观、共商的合作观作为"海上丝绸之路"的建设原则，强调战略对接和长期规划，通过援助与投资并行、资源开发和环境保护并行、提供公共产品和东道国能力建设并行的发展思路，中国有能力超越"竞争性援助"，与太平洋岛国共同完成发展模式的创新与蜕变。

福建与大洋洲经贸合作：
现状与发展前景

全 毅

福建省社会科学院亚太所研究员

郑美青

福建省对外经贸研究所助理研究员

大洋洲位于中国南海东南部的南太平洋，与福建隔海相望。福建与南太平洋诸岛的关系源远流长，福建是南太平洋南岛语族的主要发源地。目前国际学术界的主要观点认为，以福建沿海为中心的中国沿海区域是南岛语族最早的发源地，无论从语言学、考古学，还是从人类体质学所得到的研究成果上看，这些从太平洋彼岸过来的南岛语族和5000年前的福建人是一家人。闽南语和福州话与南岛语系由很高的关联系，福建沿海居民与南岛语族人在生活习俗上也有共同的海洋性特征。因为地缘与人缘关系，2015年中国三部委颁布的《推动共建丝绸之路经济带和21世纪海上丝绸之路的愿景与行动》将经过南海进入南太平洋作为21世纪海上丝绸之路发展的南线。我们将南太平洋定位为21世纪海上丝绸之路新方向，根源是它并非历史上海上丝绸之路所经过的地区。

大洋洲的主要欧洲移民国家澳大利亚和新西兰，由于地缘上接近亚洲经济最活跃的东亚与东南亚地区，因此，其对外地缘经济重心早已从美欧转向亚太地区。随着与亚太地区经济联系的日益密切，澳、新与东盟以及中国都签署了自由贸易协定。2012年，澳大利亚发布《亚洲世纪中的澳大利亚》，将包括中国在内的亚洲纳入地区发展的重要战略地位。中国也将拓展和稳固与大洋洲国家的经贸关系作为重要经济外交的方向。2015年习近平主席在访问澳大利亚时指出"大洋洲是海上丝绸之路的自然延伸"。作为 21 世纪海上丝绸之路的核心区，福建与大洋洲国家的经贸合作日益紧密，双边投资和产业合作在房地产开发、农林牧渔、零售、金融租赁等方面不断取得新进展。在"一带一路"倡议背景下，福建应当把握机遇，巩固已有经贸关系，积极拓展合作新方向，全面推进与大洋洲国家的经贸合作。

一　福建与大洋洲经贸关系发展现状

进入 21 世纪以来，因地缘关系，福建与大洋洲经贸关系发展迅速，但发展很不平衡，存在规模小、领域少、范围窄、技术低等突出问题，双边拓展经贸合作与人文交流空间较大。

（一）双边贸易稳步发展，但相对集中

2000～2015 年，福建与大洋洲双边贸易稳中有升，双边贸易总额为 365.71 亿美元，占同期福建对外贸易额的 2.55%。从出口角度看，福建与大洋洲的出口额从 2000 年的 2.22 亿美元增长到 2015 年的 21.55 亿美元，增长了约 9.7 倍，年均增长 16.36%。从进口角度看，2000～2015 年，福建从大洋洲的进口额整体呈递增趋势，从 2000 年的 1.23 亿美元增长到 2014 年的 42.24 亿美元，增长了约 34.34 倍，年均增长 28.74%，2015 年略有下降。从贸易平衡角度看，2000～2010 年，福建与大洋洲双边贸易处于顺差状态，顺差额在 1 亿～6 亿美元波动，从 2011 年开始，福建与大洋洲的出口额小于进口额，逆差额从 2011 年的 5.99 亿美元增长到 2014 年的 19.87 亿美元（图 1）。

从区域和国别看，福建与大洋洲区域的贸易额在福建贸易总额中的占比较小，2000～2015 年出口、进口的比例均未超过 7%，且多年维持在 2% 左右的水平。但从总体上看，大洋洲在福建对外贸易中的地位呈缓慢上升的势头，贸易总额的占比从 2000 年的 1.6% 上升到 2015 年的 3.1%。澳大利亚是福建在大洋洲国家的主要贸易伙伴，2000～2015 年福建与澳大利亚的出口、进口和贸易总额在福建与大洋洲贸易总额的占比基本维持在 80% 左右（表 1）。

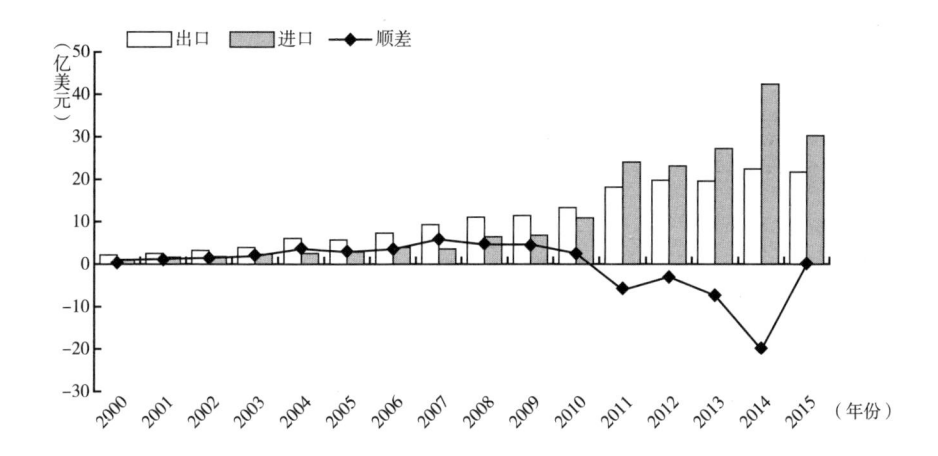

图 1　2000~2015 福建与大洋洲双边贸易额与顺差额

资料来源：根据《福建统计年鉴》与福州海关数据库数据整理而得。

表 1　大洋洲与澳大利亚在福建对外贸易中的占比情况

单位：%

年份	福建与大洋洲贸易在福建贸易总额中的占比			福建与澳大利亚贸易在福建与大洋洲贸易总额中的占比		
	出口	进口	贸易总额	出口	进口	贸易总额
2000	1.7	1.5	1.6	87.8	78.9	84.6
2005	1.7	1.4	1.6	85.8	80.0	83.9
2010	1.9	2.9	2.2	85.2	80.0	82.9
2015	1.9	5.4	3.1	81.9	87.0	84.9

数据来源：根据《福建统计年鉴》、福州海关数据库数据整理而得。

从贸易结构看（以闽澳贸易为例），福建出口到大洋洲的商品以机器、机械器具、电气设备及其零件、音像设备及其零件、纺织原料及纺织制品、鞋帽伞等传统优势产业为主。从大洋洲进口主要以矿产品、珠宝及贵金属、木材及其制品、肉类等农牧产品为主。2011~2015 年，福建与澳大利亚矿产品贸易的逆差额累计约 85.34 亿美元，动植物产品贸易逆差累计达 8.31 亿美元。

表2 2005~2015年福建与澳大利亚HS全类商品贸易收支平衡情况（差额＝出口－进口）

单位：亿美元

		2005年			2010年			2015年		
		出口	进口	差额	出口	进口	差额	出口	进口	差额
HS全商品		58104	27846	30258	133964	107578	26386	216826	307349	－90523
第1类	活动物;动物产品	296	727	－431	1794	2134	－340	5471	14997	－9526
第2类	植物产品	560	393	167	1325	6946	－5621	1330	20870	－19540
第3类	动、植物油、脂、蜡;精制食用油脂	21	37	－16	34	61	－27	83	213	－130
第4类	食品;饮料、酒及醋、烟草及制品	1586	1186	400	3042	2434	608	7122	2712	4410
第5类	矿产品	14	13653	－13639	50	65578	－65528	321	179129	－178808
第6类	化学工业及其相关工业的产品	2428	348	2080	3632	499	3133	4152	614	3538
第7类	塑料及其制品;橡胶及其制品	4244	426	3818	8139	435	7704	14029	614	13415
第8类	革、毛皮及制品;箱包、肠线制品	1875	657	1218	3845	2107	1738	5535	4122	1413
第9类	木及木制品;木炭;软木、编制品	743	3633	－2890	2880	20809	－17929	5499	35163	－29664
第10类	木浆等;废纸;纸、纸板	342	979	－637	4799	802	3997	14041	1621	12420
第11类	纺织原料及纺织制品	8394	353	8041	17757	344	17413	32163	149	32014
第12类	鞋帽伞等;羽毛品;人造花	7544	0	7544	13876	0	13876	19456	0	19456
第13类	矿物材料制品;陶瓷品	3109	164	2945	7519	14	7505	16478	14	16464
第14类	珠宝、贵金属及制品	69	0	69	57	4	53	134	36525	－36391
第15类	贱金属及其制品	1957	2591	－634	9182	3132	6050	13640	9951	3689
第16类	机电、音像设备及其零件	18114	2007	16107	34576	1719	32857	35214	359	34855
第17类	车辆、航空器、船舶及有关运输设备	375	110	265	4327	14	4313	5896	67	5829
第18类	光学、医疗等仪器;钟表;乐器	1055	575	480	2813	532	2281	4399	146	4253
第19类	武器、弹药及其零件				1	0	1	0	0	0
第20类	杂项制品	5294	4	5290	14193	12	14181	31788	34	31754
第21类	艺术品、收藏品及古董	84	0	84	123	0	123	75	50	25
第22类	特殊交易及未分类商品	0	1	－1	0	0	0	0	0	0

资料来源：根据福州海关数据库数据整理而得。

（二）双向投资持续扩大，但很不平衡

福建对大洋洲国家投资近年来发展较快，2001年至2016年9月，福建核准的大洋洲境外企业与机构共69家，累计对外投资总额10.6亿美元，其中我方投资额9.5亿美元。福建投资主要集中在澳大利亚和巴布亚新几内亚。投资规模最大是巴布亚新几内亚，设立2家企业，投资额为3.53亿美元，集中在采矿和渔业，占比37.15%。其次是福建在澳大利亚投资设立的企业和机构共44家，投资金额3.46亿美元，占比36.4%。再次是帕劳、萨摩亚和新西兰，但投资企业数和投资金额远低于巴布亚新几内亚和澳大利亚，分别占福建对大洋洲投资的9.5%、7.7%和7.1%。

从时间看，2013年以前福建对大洋洲投资发展缓慢，年均投资规模在5000万美元以下。2014年以来得益于中新、中澳自贸协定以及福建自贸试验区和国家"一带一路"倡议，闽企近两年赴大洋洲投资的热情高涨，2014年福建对大洋洲投资总额达到7306.75万美元，2015年超过1亿美元，为1.11亿美元；2016年1~9月，共有13家闽企赴大洋洲投资，总投资额7.67亿美元，福建省投资额6.91亿美元，出现井喷式增长。

福建对大洋洲投资涉及行业比较集中，主要是投资海洋生物与渔业开发的2家，投资金额为39741.1万美元，占福建对大洋洲投资的41.8%，居第一位。由福建中鸿渔业有限公司独资35269.9万美元设立的福建中鸿渔业（巴布亚新几内亚）有限公司是福建省在大洋洲投资额最大的企业。其次为房地产与酒店旅游行业，设立11家企业，投资27563万美元，占比28.99%。再次是农产品和蔬菜生产与加工7家，投资金额为5773万美元，占比6.07%。投资新西兰的林业开发企业3家，投资5132万美元，占比为5.4%。投资规模上，福建省占资超过1000万美元的有17家，其中澳大利亚9家，新西兰3家，帕劳1家，萨摩亚2家，斐济1家，巴布新几内亚1家。此外，由龙翔实业有限公司/北京泰沃德投资有限公司在帕劳投资设立的龙辉国际投资公司、假日星瀚（厦门）集团有限公司投资的澳大利亚领都有限公司及厦门象屿物流集

团有限责任公司在新西兰独资设立的乐高集团有限公司等都是福建省在大洋洲国家投资规模较大的项目。这些较大规模的项目以经营海水捕捞、水产品批发、海水养殖及水产品冷冻加工、酒店建设、林场收购与开发、肉牛收购与屠宰、房地产经营及开发等为主。[①]

"引进来"方面，2011~2015年，大洋洲对福建投资设立企业174家，合同投资金额19.49亿美元，实际到资9.92亿美元。主要来自澳大利亚和萨摩亚。其中澳大利亚在福建设立企业67家，对福建投资的合同金额为96910万美元，而实际到资额仅为7541万美元，占比7.78%，而萨摩亚在福建设立企业93家，合同投资金额9.56亿美元，福建实际利用资金8.999亿美元，占比90.76%。其余大洋洲国家，新西兰和马绍尔群岛对福建的投资尚不足一提，而其余岛屿国家对福建鲜有投资，如表3所示。2015年，福建全省合同利用大洋洲的外资金额为9.73亿美元，同比增长925.90%，占福建全省利用合同外资金额的6.73%。实际利用大洋洲金额2.14亿美元，同比增长87.67%，占福建全省实际利用外资金额的2.78%。

表3 2011~2015年大洋洲主要国家投资福建情况

单位：万美元

	2011年		2012年		2013年		2014年		2015年	
	合同外资	实际利用外资	合同外资	实际利用外资	合同外资	实际利用外资	合同外资	实际利用外资	合同外资	实际利用外资
澳大利亚	5896	1123	13115	2855	3822	3134	82	276	73995	153
瓦努阿图	0	80	66	69	—	—	—	—	—	—
新西兰	107	456	571	643	452	59	108	106	165	0
汤加	0	0	-210	0						
萨摩亚	15039	20739	15312	14294	32753	22914	9293	10827	23126	21221
马绍尔群岛共和国	160	0	0	25	1000	0	150	150	0	0
总计	21202	22398	28854	17886	38027	26107	9633	11359	97286	21374

数据来源：根据福建省商务部门提供的资料整理而成。

---

① 资料来源：福建省商务厅网站。

(三) 福建与大洋洲经贸合作特点

福建与大洋洲经贸合作呈现以下几个特点。一是投资企业数少。2001年至2016年9月，福建核准的境外投资企业和机构约2083家，而福建对大洋洲区域的投资企业数仅有69家，占比3.31%。二是投资规模偏小。2001年至2016年9月，福建累计核准的境外投资总额268.2亿美元，对大洋洲区域的投资额仅占总投资额的约4%[①]。三是投资对象国高度集中。福建企业在大洋洲的投资集中在巴布亚新几内亚、澳大利亚、新西兰三国，其他地区除萨摩亚外鲜有涉及。四是投资领域多为低技术行业。闽企在大洋洲投资的行业以贸易居多，其余诸如房地产开发与销售、粮食种植与销售、零售批发等均为低端服务业，福建的优势产业并未过多走进大洋洲。五是贸易对象国集中。福建与澳大利亚贸易额占福建与大洋洲全区域贸易额超80%的份额，贸易产品不仅有双边优势产品，也有其余商品，品种较为广泛。整体而言，福建与大洋洲的经贸关系呈现规模小、领域少、范围窄、技术低等特点。

二 福建与大洋洲经济的比较优势及合作重点领域

(一) 大洋洲经济发展概况

大洋洲各国经济发展很不平衡。得益于独特的地理气候和商业法则，澳大利亚和新西兰成为大洋洲经济最发达的国家。而其他岛国经济发展水平较低，经济结构比较单一，甚至依赖外援才能维持国民生活正常运转。

20世纪70年代之前，澳、新两国的主要经济伙伴是欧美国家，由于其路径遥远而受到成本劣势的影响，从20世纪80年代开始，受亚洲经济崛起的带动，澳、新两国的对外经济贸易重心对象转向东亚地区的日本和亚洲"四小龙"，进入21世纪之后澳大利亚完全受益于中国经济的强劲发展。澳大利亚对中国的总出口量从2000年的5.4%跃至2009年的22.5%。2008年，澳大利亚对中国的出口量高达277亿美元。尽管

---

① 根据福建省商务厅提供的数据整理计算而得。

不敌澳大利亚,新西兰的出口也呈相似趋势,新西兰整体受益于对亚洲的出口增长,而不单单依赖于中国。新西兰对中国的出口量从2000年的4亿美元增加到2008年的18亿美元。市场份额从2000年的3.2%上升到2008年的5.9%。而2008年新西兰对亚洲的总出口量则高达181亿美元,超过出口总量的59%。2008年世界金融危机后,中国经济的持续发展再次成为澳、新经济的稳定器。

表4 2010～2015年大洋洲主要国家GDP年增长率

单位:%

国家	2010年	2011年	2012年	2013年	2014年	2015年
南太平洋岛国	2.99	3.99	2.13	3.40	3.78	4.04
澳大利亚	2.02	2.38	3.63	2.44	2.50	2.24
新西兰	1.37	2.48	2.33	2.74	3.58	3.39
图瓦卢	-2.73	8.45	0.17	1.30	2.24	2.64
基里巴斯	-1.61	0.48	5.19	5.78	2.41	3.50
密克罗尼西亚联邦	2.53	2.05	0.56	-3.56	-3.40	3.77
巴布亚新几内亚	7.67	10.67	8.09	5.54	8.53	—
所罗门群岛	6.90	12.93	4.66	3.01	1.51	3.73
帕劳	3.29	5.04	3.20	-2.44	4.26	9.36
斐济	2.95	2.71	1.88	6.08	5.45	5.56
汤加	3.57	2.79	0.89	-3.13	2.06	3.71
瑙鲁	13.55	11.68	10.09	34.21	36.52	2.81
瓦努阿图	1.63	1.22	1.75	1.97	2.33	-0.80
萨摩亚	0.48	5.78	0.40	-1.93	1.20	1.63
马绍尔群岛	6.44	1.68	3.70	2.36	-0.95	0.63

数据来源:世界银行网站。

澳新两国经济采用西方混合型经济发展模式,是世界上少数依靠资源类产业发展成为发达国家的经济体。澳大利亚畜牧业用地4.9亿公顷,占农业用地的55%,畜牧业产值占农业产值的60%,占国民生产总值的5%左右;新西兰畜牧业用地1152.9万公顷,占农业用地的73.7%,畜牧业产值占农业产值的80%,占国民收入的3/4。两国根据各地雨量、温度与自然条件饲养不同的畜种,实行区域化、专业化生产,牧草种植和管理、饲料加工、挤奶、剪羊毛、屠宰与加工、运输、冷冻等都依靠机械设备完成，劳动生产率非常高①。

澳大利亚产业更加多元化，服务业、制造业、采矿业和农业四大主导产业分别占国民生产总值的78%、13%、5%和4%（2006年）。因此，服务业是澳大利亚经济的重要支柱产业，其中，旅游、医疗和社区金融保险、房地产交易及交通通信是最为繁荣的五大服务业。教育产业是澳大利亚最具竞争力的产业，澳大利亚科技实力排名全球第十四位。澳大利亚是世界主要的采矿和矿产品生产国，在未来相当长的一段发展时间里，全球对澳大利亚的采矿能力、经验及技术将保持强劲需求。

新西兰经济结构比较单一，以农业和以农业为原料的加工业为主。新西兰是以农牧业发达著称的发达经济体。农牧业是新西兰最主要的产业，农牧产品出口占出口总量50%左右，羊肉和奶制品的出口量高居世界第一，羊毛出口量排名世界第三。新西兰的工业以农牧产品的加工为主，包括奶制品、毛毯、食品、皮革、烟草等轻工业，出口是这些产品的主要销售渠道。新西兰森林资源和海洋渔业资源丰富，造纸及木材加工、渔业生产也是新西兰的重要产业。自2008年中国与新西兰FTA生效以来，新西兰对中国出口平均每年增长15%。中国已经成为新西兰最大的贸易伙伴。

巴布亚新几内亚的支柱产业是矿产、石油和农业经济作物，金、铜产量分别列世界第11位和第10位，蕴藏着丰富的石油和天然气，旅游资源开发潜力大。斐济渔业、森林资源丰富，金、银、铜、铝土等矿藏丰富，旅游业、制糖业是经济发展支柱。斐济重视发展"高增长、低税收、富有活力"的外向型经济。瓦努阿图最大的支柱产业是旅游业，旅游收入占GDP的三分之一。汤加的三大产业为旅游业、农业和渔业，经济落后，长期依赖外援。旅游、农业、基础设施、教育和医疗、私营经济等领域是萨摩亚政府现阶段关注的重点②。

（二）福建与大洋洲产业互补性与合作重点领域

产业互补性对双边经贸关系的发展有较大影响，是双边经贸发展的

---

① 湖北省农牧业考察团：《澳大利亚、新西兰畜牧业发展情况考察报告》（2009年9月5日）。

② 资料来源：中华人民共和国外交部官网（http://www.fmprc.gov.cn/web/）。

· 173 ·

现实基础。产业内贸易（Intra-industry Trade）是指一个国家或地区同一产业既出口又进口的现象，产业内贸易指数（Index of Intra-industry Trade，IIT）常用于衡量两国或是地区之间的某种产业的产业内贸易程度，该值为 0~1，越接近于 0，表明产业内贸易越大，反之则越小。其计算公式为：

$$IIT_i = \frac{|X_{ij} - M_{ij}|}{(X_{ij} + M_{ij})}$$

式中，X_{ij} 和 M_{ij} 分别表示一个国家或地区 i 产业和 j 国或地区的出口额和进口额。产业内贸易指数也可对两国或是地区间的产业内贸易进行整体衡量，综合指数计算公式为：

$$IIT_i = \frac{1}{n}\sum_{i=1}^{n} \frac{|X_{ij} - M_{ij}|}{(X_{ij} + M_{ij})}$$

本文选取与我国建交的 9 个大洋洲国家为代表，根据 HS 两位数编码类别，分别计算 2006~2015 年福建与大洋洲九国的综合产业内贸易指数，结果如表 5 所示。根据 2006~2015 年的 10 年计算数据，福建与大洋洲国家的综合产业内贸易指数值基本在 0.70 以上，产业内贸易水平较低，产业互补性明显。与萨摩亚、密克罗尼西亚、汤加、瓦努阿图、库克群岛的综合产业内贸易指数值多年维持为 1，表明具有极强的产业互补性。

表 5　2006~2015 年福建与大洋洲国家的综合产业内贸易指数

	2006 年	2007 年	2008 年	2009 年	2010 年	2011 年	2012 年	2013 年	2014 年	2015 年
澳大利亚	0.71	0.73	0.74	0.72	0.73	0.62	0.75	0.73	0.75	0.71
新西兰	0.84	0.85	0.85	0.79	0.90	0.82	0.87	0.81	0.80	0.80
斐济	0.84	0.84	0.81	0.81	0.93	0.76	0.87	0.53	0.74	0.84
巴布新几内亚	0.75	0.88	0.71	0.88	0.86	0.82	0.83	0.70	0.65	0.65
萨摩亚	1.00	1.00	1.00	1.00	1.00	0.82	1.00	1.00	1.00	1.00
密克罗尼西亚	0.90	1.00	1.00	0.77	0.69	0.94	0.92	1.00	1.00	1.00
汤加	1.00	1.00	1.00	1.00	1.00	1.00	1.00	1.00	1.00	1.00
瓦努阿图	1.00	1.00	1.00	1.00	0.99	0.99	0.97	0.93	0.88	0.93
库克群岛	—	—	—	—	1.00	1.00	1.00	1.00	1.00	0.83

注：与我国建交的大洋洲国家有 10 个，其中，纽埃数据无法获得。
资料来源：根据福州海关数据库数据整理计算而得。

根据大洋洲岛国与福建经济发展特点和经济优势互补，双方可以选择农牧业、海洋渔业、矿业与现代服务业作为经贸合作重点领域。

1. 现代农畜牧业。福建经济发展与消费水平的提高对优质食品的需求日益增长，而澳、新是世界上最发达的农牧业国家，可以满足福建及国内市场对优质食品比如肉类、乳制品、糖和食用油的需求。2015年澳大利亚对中国农产品出口总值为90亿澳元。南太平洋岛国的海洋渔业资源丰富，而且与福建有着地缘相近的优势，福建与这些岛国加强远洋渔业的合作前景广阔。

2. 能源和矿产。福建制造业的发展对煤、天然气等能源以及金属等矿产品需求不断增长。而澳大利亚、巴布亚新几内亚等国家是著名的能源与矿产品生产和出口国。澳大利亚矿产品出口总值占全国出口收入的33%，澳大利亚是福建煤炭和铁矿石的重要进口来源地。随着能源结构的调整以及地缘因素，2018年澳大利亚可能取代卡塔尔成为中国天然气进口来源地。巴布亚新几内亚与斐济的金属矿产资源也很丰富，具有较强的合作潜力。

3. 现代服务业与旅游业。健康和医疗服务、金融服务、教育是未来中国对外开放的重点领域。中澳自贸区允许澳大利亚健康服务商在中国运营。福建可争取澳大利亚到闽建立全资拥有的医院和养老机构。2014年澳大利亚教育出口总额达到180亿澳元，教育服务成为澳大利亚仅次于铁矿石和煤的第三大出口产品。澳、新是中国移民、留学生和游客的重要目的地。2014年中国有11.7万留学生和90万游客抵达澳大利亚，中国人均日消费250澳元，成为最有"价值"的国际游客。因此，金融服务、教育、旅游、航空运输都是未来福建与澳、新经贸合作具有潜力的领域。

4. 现代制造业。制造业是国民经济竞争力的重要基础，福建传统制造业具有优势，南太平洋岛国中巴布亚新几内亚和斐济具有发展制造业的基础和条件，福建向这些国家转移产能具有一定的潜力。澳大利亚在通信、矿山机械（采掘加工技术）、农业机械（农产品和畜产品生产与加工技术）、医疗器械制造方面颇具优势，也是福建亟待发展升级的产业，双方合作的前景广阔。

三 福建深化与大洋洲经贸合作的策略

大洋洲市场的机遇与风险分析

1. 中国与大洋洲国家日益密切的政治经济关系

2015年6月，中澳自贸协定正式签署，成为我国与发达经济体签订的全面的、高质量的、贸易投资自由化水平最高的自贸协定之一，我国96.8%和澳大利亚100%的货物实现自由贸易，是我国首个以"负面清单"形式开放的服务承诺。澳大利亚的对外经贸关系中，澳大利亚的四大出口国按出口额由大到小依次为中国、日本、韩国、美国，澳大利亚对上述四国的出口总额约占65%[①]。四大进口国按进口额由大到小分依次为中国、美国、日本、新加坡，从上述四国的进口总额约占全部总额的45%。由此可见，澳大利亚的主要贸易伙伴为中、日、美三国，且与中国最为密切。投资方面，澳大利亚长期致力于吸引FDI，也积极发展OFDI。澳大利亚长期保持着净资本进口国的地位，吸引外国储蓄存款，用于更好地开发国内资源，在外向型矿业和能源项目中不断投入巨额资金。

近年来，中新关系不断深化，2008年，中新签署自贸协定，成为中国与发达国家签订的第一份自贸协议，使中新经贸发展进入新的发展时期。以肉类出口为例，新西兰肉类对华出口从2008年的9600万美元，一路飙升到了2015年的12亿美元。两国元首互访更是频繁，2014年11月，习近平主席对新西兰进行国事访问，双方签署了在气候变化、电视、教育、南极、金融、旅游、食品安全等领域的合作协议。2016年5月，新西兰总理在议会大楼发表的题为《新西兰与世界》的演讲中，希望能够与中国升级自贸协定，原因是2008年的自贸协定已经难以满足两国日益高涨的贸易需求，而新西兰更是希望能够从中国庞大的人口规模、不断增长的中产阶级中继续为本国发展谋

[①] 澳大利亚统计局：http://www.abs.gov.au/AUSSTATS/abs@.nsf/DetailsPage/8155.02014-15。

福利①。

其余岛国方面，中国高度重视与南太平洋岛国的关系，对南太平洋岛国的援助持续增加，援助规模几乎与地区援助大国新西兰持平。双边建有"中国—太平洋岛国经济发展合作论坛"等合作机制。近年来，随着中国对南太平洋岛国援助的日益增加，中国在南太平洋岛国的存在感逐渐增强，"中国威胁论"日渐减弱，但仍有部分岛国和西方国家对中国在南太平洋岛国的事务介入颇有不适。

2. 中国投资者在大洋洲面临的风险

南太平洋岛国的矿业和建筑业在很大程度上被中资企业控制，当地零售业则由福建和广东的小规模经营者控制。但中资项目和中国投资者在南太平洋岛国的发展却是困境重重。第一，中小企业难以发展壮大。这一方面是由于南太平洋岛国规模较小，无法提供过多的项目，另一方面是大型项目基本由大型中资国有公司控制，如中国土木工程集团有限公司主宰了汤加和库克群岛的大型工程。第二，当地媒体的偏见。由于中国新移民特别是福建籍移民者常从事人口贩卖和护照买卖活动，因此，南太平洋岛国的媒体常将从事零售和批发业的中国投资者与有组织的犯罪和违法行为联系在一起。第三，难以得到保障的人身安全。南太平洋岛国的社会治安相对较差，骚乱时有发生，而中国零售业是受侵害的主要目标，当地警察对华人遭受的迫害持消极态度。第四，当地政府的无所作为和法律限制。当地政府对零售业的华人有一定偏见，常将一些社会问题归咎于华人。在许多岛国，甚至有法律明确规定限制外国投资者涉足小型饭店和零售业，以保护本国经营者。第五，新老华人无法有效沟通。"新华人"的急功近利与"老华人"的积极上进、乐善好施相违背，以致"新华人"被当地同行和"老华人"排斥。第六，语言、文化和监管标准的阻碍。这些因素直接影响了"走出去"企业本土化的程度和能力。

---

① 中国自由贸易区服务网：《新西兰总理：希望与中国升级自贸协定》，http：//fta. mofcom. gov. cn/article/fzdongtai/201605/31657_ 1. html。

四 福建拓展大洋洲经贸合作的策略

(一) 巩固澳、新传统市场,突出优势商品,扩大贸易规模

在中澳、中新自贸协定背景下,福建要继续巩固澳、新两国传统的南太平洋市场,突出合作重点,进一步扩大贸易规模。首先,充分利用自贸协定优惠政策。根据商务部测算,中澳自贸协定中国享受关税减免额度较大的产品主要有服装和皮革、电子和机械产品等,减免金额约15.3亿美元,而纺织品、电子和机械产品都是福建省优势产品,福建省可加大优势产品的出口,以澳、新为中心辐射整个南太平洋地区。根据中新自贸协定,新西兰葡萄酒进口实行零关税,福建可调整进口商品的国别,创造新的贸易增长点。其次,增加资源类产品进口,加强资源储备。澳大利亚是能源和矿产资源的重要生产国和出口国,在世界市场上具有明显的竞争优势,福建可在资源方面与澳大利亚构建长期稳定的贸易关系以满足工业化、城镇化进程中日益增长的资源需求。可适当增加从新西兰进口羊毛、木材、水产品,以弥补福建在纺织、家具、水产品加工等生产原料方面的不足。最后,与澳大利亚加强服务贸易合作。服务业是澳大利亚的优势产业,福建与澳大利亚的服务贸易相对滞后,依托中澳自贸协定,福建可积极引进澳大利亚服务行业,在餐饮、医院、咨询等领域寻求合作。

(二) 利用产业互补优势,拓展合作渠道,挖掘南太岛国新市场

福建与大洋洲国家具有极强的产业互补性,与汤加、萨摩亚、库克群岛等国甚至只有出口没有进口,但福建与南太平洋岛国的投资和贸易额少至可忽略,双边经贸发展较为落后。"一带一路"背景下,福建应当多渠道挖掘南太平洋岛国新市场。第一,充分发挥各类展销平台的作用,积极支持闽企赴巴布新几内亚、萨摩亚等国举办各种形式的产品展销,了解当地市场偏好,扩大品牌影响力。第二,利用福建在农、林、牧、渔等方面的种植和生产经验,加强高层互访,以福建农林大学菌草研究所的巴新项目为典型,总结援助经验,积极向南太平洋岛国提供农

业援助，助力开拓福建产品新市场。第三，摆脱"政治主导贸易"的模式，加强和未与中国建交国家的贸易往来。从全国范围看，21世纪以来，得益于转口贸易，我国与非建交的南太平洋国家的贸易达到一定规模，以马绍尔群岛为例，其通过离岸注册的优惠政策吸引了大量外国公司经营转口贸易，成为我国扩大出口的重要途径。福建可鼓励闽企赴具有类似优惠政策的国家开展转口贸易，培育新的贸易增长点。

（三）采用差异策略，推动双边产业深度对接

澳、新与其余南太岛国的产业发展梯度极为明显，福建应采用差异化的产业对接策略。加强与澳、新两国发达产业的合作，充分利用各自资源，深化与其余岛国在旅游等方面的对接。一是深化与澳大利亚最发达的先进制造业、电子信息、生物科技、采矿和资源产业、金融服务业的合作，推动在澳设立相关产业基地或对接平台。二是支持圣农实业有限公司在新西兰通过独资并购设立的丰盛集团有限公司的发展，推动其发挥龙头企业的带动作用，促进福建省与新西兰在肉牛收购、屠宰及加工等畜牧业方面的合资合作。三是拓展能源、矿产资源的开发合作，依托沿海港口群，布局福建进口澳大利亚矿产资源的物流中转或加工基地。四是充分发挥福建与大洋洲海域辽阔、海洋资源丰富的相同优势，加强双方海洋合作。开发南太平洋地区公海的渔业资源，建立与南太平洋国家长期渔业捕捞合作关系。加快境外远洋渔业生产基地、冷藏加工基地和服务保障平台建设。五是加强与大洋洲国家的旅游合作。旅游业是斐济、萨摩亚、瓦努阿图、库克群岛等国的支柱产业，福建旅游资源丰富，双边可依托"海丝"文化资源，推出一批极具地域特色的旅游精品路线，助力经济发展。

（四）开展项目精准辅助，助力闽企融入当地经济、做大做强

以福清人为代表的南太平洋岛国闽籍商人主宰着当地的经济，但也面临着受排挤、暴乱、语言等困境。对于南太平洋岛国的零售业，福建应当重点协助企业实现"本土化"经营，在当地文化、监管标准和实际操作中寻求平衡点。一是鼓励零售业主在适当范围内投入当地建设。南太平洋岛国具有以社区、部落集聚而居的分散特点，可引导中小零售业

主参与或开展一些小、精、准的援助项目，学习"老一辈"华人的奉献精神，在力所能及范围内提高岛国人民的生活水平，缓和与岛国人民的关系。二是搭建新老华人的沟通桥梁，帮助"新华人"更好地融入当地华人老社团，促成南太岛国新老华人间的有效沟通，利用"老华人"在岛国社会的影响力，协助"新华人"与当地政府和人民的和睦相处。三是加强对岛国零售业主在当地文化、法律以及自我保护方面的教育。在省内或是当地举办相关讲座，普及和强化南太岛国营商必备知识，畅通政府部门和经营者的沟通渠道。对于在澳、新投资的闽企，重点帮助其做大做强。依托福清绿叶、三明华盛、厦门华特、光泽圣农等集团公司在澳、新的投资项目，扩大福建在工程承包、销售、农业种植、现代渔业、海洋运输、肉牛加工等领域的人才流出，扩大劳务输出规模，发挥大项目的示范带动作用，鼓励闽企在南太平洋国家进行产业链投资，形成集聚效应，降低生产经营成本，打造闽企品牌。

（五）推进侨务工作，密切人文交流，促进民心相通

一是激发华人华侨参与海上丝绸之路的建设热情，带动大洋洲基础设施的建设、促进与大洋洲岛国交通运输的互联互通，为闽企打通大洋洲的财富通道。主动对接大洋洲重点侨商，邀请大洋洲侨商来闽投资考察。充分利用设立在南太国家闽籍商会的作用，拓展其引资引智功能。二是加强华人华侨的情感联系，推进大洋洲国家和地区华人教育以及华籍青少年夏（冬）令营活动。通过族谱展示、文献资料、面对面采访等方式凸显华人华侨是"海丝"战略中不可或缺的见证者、参与者，更是建设者、主导者。三是引导大洋洲国家和地区的华人华侨及社团，加强与当地闽企的交流，共同关注社会责任，引导闽企走与当地企业和平共处、互利共赢的长久之路。四是密切人文交流，积极吸纳南太平洋岛国留学生来闽学习，鼓励福建高校开展南太岛国小语种学习交流，为扩大交流合作开发人力资源。五是推动社会事业合作，针对南太平洋岛国在医疗、教育、健康等方面的不足，支持莆田等民营企业赴南太岛国经营医院。通过项目合作、物品支持、资金扶持等方式积极给予南太岛国援助。加大与南太国家友好城市的结交力度。

图书在版编目（CIP）数据

亚太地区发展与合作：中外联合研究报告. No. 4 / 王灵桂，赵江林主编. --北京：社会科学文献出版社，2018.11

ISBN 978 - 7 - 5201 - 3839 - 0

Ⅰ.①亚… Ⅱ.①王… ②赵… Ⅲ.①经济发展 - 研究报告 - 亚太地区 ②国际经济 - 经济合作 - 研究报告 - 亚太地区 Ⅳ.①F114.46

中国版本图书馆 CIP 数据核字（2018）第 257244 号

亚太地区发展与合作
——中外联合研究报告（No. 4）

主　　编 / 王灵桂　赵江林
出 版 人 / 谢寿光
项目统筹 / 祝得彬
责任编辑 / 刘学谦　邓　翙

出　　版 / 社会科学文献出版社·当代世界出版分社（010）59367004
地址：北京市北三环中路甲29号院华龙大厦　邮编：100029
网址：www.ssap.com.cn
发　　行 / 市场营销中心（010）59367081　59367083
印　　装 / 三河市尚艺印装有限公司
规　　格 / 开　本：787mm × 1092mm　1/16
印　张：11.75　字　数：180千字
版　　次 / 2018年11月第1版　2018年11月第1次印刷
书　　号 / ISBN 978 - 7 - 5201 - 3839 - 0
定　　价 / 78.00元

本书如有印装质量问题，请与读者服务中心（010 - 59367028）联系

▲ 版权所有 翻印必究